三菱商事とドリームインキュベータで
学び、サイバーエージェントに
1億円で事業を売却した僕の働き方

「世界をよくする仕事」で稼ぐ

PIECE TO PEACE

大澤 亮
RYO OSAWA
株式会社 ピース トゥ ピース
代表取締役社長

プレジデント社

三菱商事とドリームインキュベータで学び、

サイバーエージェントに1億円で事業を売却した僕の働き方

「世界をよくする仕事」で稼ぐ

目次

プロローグ　地球に貢献する仕事とは

1　チャレンジ　挑戦と失敗を繰り返そう

2 海外へ 想いを実現する方法を探す

3 就職 貧しい人のために働きたい

4 起業 ITブームに乗る

5 新事業 成功するための三つの原則

6 再就職
コンサルティング会社で修業を積む

7 転職
会社経営に挑戦する

8 挫折
右脳型社員のマネジメント

9 成長と成功
僕が学んだリスクのとり方、運のつけ方

エピローグ
種を蒔き続ける

プロローグ　地球に貢献する仕事とは

買う人が地球に貢献できる商品

二〇〇九年九月、僕は株式会社ピース・トゥ・ピース（Piece to Peace）を立ち上げ、代表取締役に就任した。

一人ひとりの愛や善意や優しさのかけら（Piece）を集めて、いまよりも平和で住みやすい世界（Peace）をつくるために役立てる。社名には、そんな想いを込めた。

もちろん、想いだけですべてがうまくいくわけではない。ピース・トゥ・ピースは株式会社だから、付加価値を生み、利益を出していかなければ存在し続けることができない。

では、どうやって地球貢献しているのか。その仕組みを簡単に紹介しておこう。

ピース・トゥ・ピースが取り扱っているのは、ファッション・ブランドだ。代表的なものは次の五つである。

オムニピース（OmniPeace）

収益の一部をアフリカの教育支援のために寄付し、現地に毎年一校ずつ小学校を建設している米国ロサンゼルスのブランド。ベッカム、ジュニファー・アニストンなどのセレブリティが活動を支援している。

フィード（FEED）

ブッシュ前米大統領の姪であるローレン・ブッシュが立ち上げ、オリジナルバッグの販売で世界の食糧問題に取り組み、これまで七〇〇〇万食以上の給食を途上国の子どもたちに寄付してきた米国ニューヨークのブランド。

リブグリーン（LIV GRN）

エコロジカル素材を使いつつ、そのセンスのよさはハリウッドのセレブリティたちのお墨付きを得ている。利益の一〇%を環境系ＮＰＯに寄付していることでも知られている米国ロサンゼルスのブランド。

レイヴン・アンド・リリー（Raven + Lily）

インド、エチオピア、カンボジアで働く女性を支援するため、ハンドメイドのアクセサリーのデザインから製造、販売までを手がけている米国テキサス州のブランド。

エヴァークリス（Everchris）

滝川クリステルさんのプロジェクトゼロ（Project Zero）「動物への虐待行為や保健所での殺処分をゼロにする」の一環として立ち上げられたアクセサリーブランド。殺処分ゼロを目指すシェルター（保健所での殺処分前の犬猫を保護し、里親探しを行う施設）などに、経費を除く売上げの全額を医療費として寄付している。

こういったブランドと日本総代理店契約やライセンス契約を結び、日本国内で商品を販売するのがピース・トゥ・ピースの主要ビジネスである（エヴァークリスは期間限定での取扱いとなる予定である）。

取扱いブランドやアイテムの数は、これからどんどん増やしていく予定だが、どんなブランドでもいいというわけではない。

まずはファッション性があること。プラス、消費者にとって手が届く価格帯であること。そして、地球貢献というピース・トゥ・ピースの志に合致していること。これら三つのポイントを押さえたブランドでなくてはならない。

とくに最初の二つのポイントは、ピース・トゥ・ピースが民間企業として持続可能（サステイナブル）な発展のために欠かせない要素だと思っている。ファッション性がなく価格も高い、いわゆる「チャリティーだから買ってください」というスタンスでは、一度や二度は購入してもらえてもあとが続かない。

消費者が「かわいい」「これ、着てみたい」と思って購入し、その結果が地球貢献に結びつく。これが僕の理想の形だ。

だから、取引先のセレクトショップのほとんどでは、これらの商品を購入することが寄付やアフリカの支援につながることをあえて謳《うた》っていない。純粋にファッションとして扱ってもらっている。

これまで、アフリカの教育を支援するオムニピースを日本で展開することで、アフリカの七校の建設に貢献できた。また、途上国の給食支援を行うフィードのアイテム販売では、七〇〇〇万食以上の給食の寄付に役立った。

これらのブランドの商品は、ユナイテッドアローズなどのセレクトショップや専門店、百貨店、ネットショップで扱われている。現在、ピース・トゥ・ピースでの直販はインターネットのみだが、直営店での販売も近い将来行う予定だ。

ハリウッドスターが愛用するTシャツを売る

「え、株式会社？　ＮＰＯ法人じゃないんですか？」

僕が自分の仕事の説明をすると、多くの人がこう言って驚く。

お金を稼ぐ行為と、善意から出発する社会貢献は相容れない。社会貢献をするならNPO。多くの人がこういうイメージをもっている。

僕の考えは少々違う。

NPOを否定するつもりはないし、素晴らしい活動をしている団体が国内にも世界にもたくさんあることも知っている。だが、もし僕がいまと同じことをNPOでやろうとしたら、きっとうまくいかないだろう。

これまで僕は、ずっとビジネスの世界で働いてきた。大企業の一員だったこともあるし、中堅企業の役員を務めたこともある。起業や経営も経験した。

いずれのときも、大事なのは結果だった。どんなに立派な理念を胸に抱いていようが、結果が伴わなければビジネスの世界ではまるで意味をなさない。僕はそういうことを、身をもって学んできた。

一方、NPOは社会貢献活動や慈善活動を行う非営利団体だ。会社のように、市場の激しい競争にさらされたり、株主から経営を監視されたりすることはない。言葉を換えれば、結果に対して会社ほど厳格に責任を追及されないということだ。

結果を伴わなくても、いいことをやっているという気持ちは満足させられるかもしれない。チャリティーならそれでもいいだろう。けれども、本当に地球に貢献し、世界を変えるとなると、気持ちや想いだけではどうにもならない。

三菱商事に勤務していた二〇代のころ、アフリカのタンザニアで政府開発援助（ＯＤＡ）の仕事にかかわったことがある。そこで貧困という現実に直面し、あまりの深刻さに打ちのめされると同時に、生半可な覚悟では何もできないことを痛感した。会社を経営するのは楽なことではない。少しでも油断しようものならすぐにライバル企業にシェアを奪われてしまうし、不況になれば消費が冷え込んで商品は売れなくなる。けれども、どんな逆境に見舞われようと、創意工夫と不断の努力でそれを乗り越え、利益を出し続けなければならない。そんなビジネスの厳しさと地球貢献への想いを結びつけたいと考えたのだ。

僕は、自己満足のためだけに、自分のもっている経験やスキル、人脈といった資産と人生の貴重な時間を使いたくはなかった。だから僕は、ピース・トゥ・ピースをＮＰＯではなく、あえてリスクの大きい株式会社にしたのである。

では、どうしてファッションという分野を選んだのか。きっかけは、オムニピースの創業者メアリー・ファナロとの出会いだった。

当時、僕は土屋鞄という会社で悩みを抱えながら仕事をしていた。

悩みの一つは、入社前に約束されていた仕事が、その後の状況の変化で実現不可能になってしまったこと。もう一つは、次々と新しい商品が生まれる一方で、売れ残り商品を新品のまま大量に廃棄せざるを得ないという、ファッションメーカーのビジネスモデルに対する疑問だった。

とくに、後者に関しては、二〇代のころアフリカで、生きていくのに必要な最低限のものすら簡単に手に入らないという状況を直接見聞したこともあって、どうしても受け入れることができなかった。

そんなとき、米国でコンサルタントをしている旧知のダニエル・ゴールドスタインから、海の向こうにはエシカルファッションを通じてアフリカを支援し、ハリウッドのセレブリティたちからも賛同されている「オムニピース」というブランドがあるという話を聞かされた。

エシカルは倫理的という意味で、エシカルファッションとは、倫理的なファッション、つまり何らかの形で地球に貢献するファッションを指す。たとえば、売上げの一部を途上国への寄付として役立てる商品や、発展途上国から買い付けたオーガニックコットンなどの素材や天然染料を使って製造され、適正な報酬で取引され流通する商品のことだ。

ファッションと社会貢献？

耳慣れない組み合わせだった。もっと詳しく知りたいと思い、僕はダニエルに質問を繰り返した。すると、じゃあ創業者に会ってみるかということになり、僕はニューヨークに向かった。

日本で社会事業をやっている人たちのなかには、服装や髪形などには無頓着というタイプが少なくない。自分の主義主張をアピールするのに精いっぱいで、ちょっと近寄りがたい人たちだ。ところが、オムニピースの創業者メアリー・ファナロは、それとはまったく違うタイプの人だった。

心の底から人生を楽しんでいる、オシャレで華やかで陽気な人。それが僕の受けた第一印象だ。

社会貢献だからといって、肩肘を張ったり、気負ったりする必要はない。楽しみながらこの世界をいい方向に変えていくことだってできる。いや、むしろ事業にかかわる人たちが楽しく感じられなければ、長く続けることも大きく広げることもできない。

メアリーと話をしているうちに、それまで漠然と思い描いていたことの形がだんだんとはっきりしてくるのが自分でもわかった。

オムニピースとはOmni（すべてのための）とPeace（平和）を合わせた造語で、

Can Fashion Save Lives?（ファッションで命を救えるか？）を同社は創業以来、コンセプトとしている。

たしかにファッションなら、誰もが「気軽に」「オシャレを楽しみながら」地球貢献に参加できる。オムニピースのこのコンセプトは、僕にしっくりきた。

それから、見た瞬間にビビッと衝撃を受けたのが、オムニピースのロゴ。ピースサインを模したデザインで、手のひらの部分がアフリカ大陸の形をしている。「アフリカにピース（平和）を」という想いが、そのままブランド・ロゴになっているのだ。

メアリーと会った数カ月後、僕はダニエルと一緒にピース・トゥ・ピースを設立し、独占的なライセンス契約を結んで、日本におけるオムニピース商品の取扱いを始めた。最終的にオムニピースとの契約を決断したのは、メアリーへの共感や、ロゴの衝撃といった直感だけでなく、契約期間やオムニピースのサポート体制、取り扱えるアイテム・ジャンルなど条件面で合意に至ったからである。なかでも、ジェニファー・アニストン、コートニー・コックス、ケヴィン・コスナーなど錚々《そうそう》たるハリウッドの俳優数十人がオムニピースのTシャツを愛用しており、それらの画像の使用権が得られるという条件を勝ち取れたことが、決断の決め手となった。

本当にやりたい仕事に巡り合うために

こうして、地球貢献というコンセプトに沿い、かつセレクトショップで扱ってもらえるようなファッション性の高いブランドやアイテムを集め、それぞれの総代理店として展開していこうというピース・トゥ・ピースの軸が定まった。

同時に「えらぼう地球貢献」というキャッチフレーズも決めた。

「えらぶ」とは、個人が自ら分野を選んで貢献する、それに好きなアイテムを選んで地球に貢献できるという二つの意味だ。また「地球貢献」という言葉には、日本からは遠い国の人々や、そこで起こっている出来事にも関心をもってもらいたいという想いを込めた。

これが社会貢献という言葉だと、どうしても地域ボランティアなど小規模な活動が想像されてしまう。それはそれで素晴らしいことだが、ピース・トゥ・ピースではもっとグローバルな視点をもちたいと思った。日本人にはなかなか身近に感じられない、地球上の大きな課題に向けて活動するというニュアンスにしたかったのだ。

もともと僕は、ファッション業界とは縁のなかった人間である。だが、この事業は必ずうまくいくという確信のようなものがあった。

ピース・トゥ・ピースの創業一年目の年商は、目標の二〇〇〇万円の半分にも届かない八〇〇万円程度だったが、それでも二年目で単月黒字を達成し、四年目には年間を通しての黒字化を実現。その後も売上げは確実に伸び、二〇一三年八月期は、過去四年で最高の売上げとなった。いまのところ僕の必ずうまくいくという確信は、それなりに外れてはいなかったといっていいだろう。

二〇一三年には「シェア」(shAIR)という事業をスタートさせた。さまざまな経験やスキルを役立てたい人と、それを学びたい人が出会える場を提供し、また、そこで発生する費用の一定割合を地球貢献ポイントとして活用できるというものだ。

現在はファッションとシェアの二つの事業で精いっぱいだが、次々と浮かんでくる新しいアイデアをどうやって事業化するかを考えるのは何より楽しい。

僕が心がけているのは、事業そのものが社会、地球、人の役に立つ仕組みをつくりあげ、利益をあげながら同時に社会もよくなる、そんなビジネスモデルを構築することだ。自社の利益の最大化だけを考えて運営するのではなく、また、NPOのように社会への貢献だけを目的とするものでもない。利益をあげながら社会に役立つ事業を営み、そこで得られた利益を投資することで、さらに社会の役に立つサステイナブル(持続可能)な事業をつくっていく。

そして、一つの事業を生み出すことに成功したら、連続して次の事業を立ち上げ、失敗しても、その失敗を新しい事業の糧とするシリアル・アントレプレナーでありたいと思っている。

日本はもともと、一〇兆円の市場規模を誇るファッション大国である。その売上げの一〇〇万分の一、一〇〇万分の一でも、地球のために活用されれば大きい。

もちろん、世界の飢餓問題を解決したり、アフリカの子どもたちにあまねく教育機会を提供したりするには、まだまだ時間がかかる。だから、僕はこの本で、こうすれば人生は成功するとか、夢が叶うとか、そういう話をするつもりはない。

いまのところ、僕が自分の人生を振り返り、自信をもって語れるのは、「こういう考え方や働き方を続けてきた結果、いまの仕事と仲間に出会えた」という自分の体験だけだ。それが、僕と同じように、何かのチャレンジのために小さな一歩を踏み出すことで、心の底からやりたいと思える仕事に巡り合うことを望んでいる人のヒントになるなら、こんなに嬉しいことはない。

1 チャレンジ──挑戦と失敗を繰り返そう

誰もやらなかったことを始める

「ピース・トゥ・ピースで自分のやりたいことができるようになってきた」

やっとそう思えるようになったのは、立上げから丸三年経ったときだった。

コンサルタントや中堅企業の経営も経験してきていたので、起業にはそれなりに自信はあったが、それでも最初から順風満帆とはなかなかいかない。

現実はいつもそうだが、ピース・トゥ・ピースの現実はとりわけ厳しかった。

僕たちが扱うことになった「オムニピース」は、米国で人気があり、ハリウッドのセレブリティたちからも支持されているのだから、日本のセレクトショップや百貨店のバイヤーたちが飛びつかないはずがない。そう思っていたのに、いざ蓋を開けてみると、いくらアプローチをしてもまるで反応がなかった。

しばらくすると、自分たちの運営するネットショップにぽつぽつと注文が入るようにはなったが、売上金額としては微々たるものだ。やはり大きく売り上げるためには、セレクトショップや百貨店に大量に買ってもらわなければならない。なんとかセレクトショップに買ってもらうことはできないか。

ところが、かつて会ったことのあるバイヤーに片っ端から電話をしても、断られるならまだしも居留守を使われる。アポイントメントさえとれない。

在庫リスク覚悟で商品をつくることも考えたが、百貨店は基本的に委託販売なので、売れなかったときには在庫はすべてこちらで引き取らなければならない。これでは、起業したばかりで体力のない僕たちにはかなり厳しい。

悩んでいると、懇意にしているデザイナーやファッション業界の人たちが、「まずは華やかな展示会を開催し、バイヤーやメディア、ファッション関係者などに広く告知したほうがよい」というアドバイスをくれた。

そこで企業や個人の協力を得て、初の展示会を開催することにした。

ところが、展示会を開いてみたものの、実際の売上げにはまるで結びつかなかった。展示会開催にかかった費用は約一〇〇万円。売上げがほとんどないところに一〇〇万円の出費は痛かった。

いくら海外で話題になっていても、日本のバイヤーはリスクを嫌うため、新規ブランドの場合は日本である程度実績を残さなければ相手にしてもらえない。いまならわかるが、当時はまだそういうファッション業界の常識も知らなかったのだ。要するに甘かったのである。

ファッション業界、とくにセレクトショップに卸すようなブランドやその周囲のビジネス概況は次のような具合だ。

日本のファッション市場全体の規模は約一〇兆円。傾向としては、若者の堅実な消費傾向やバブル崩壊、リーマンショック後の不況などもあり縮小傾向にある。

一〇兆円のうち、約九〇〇〇億円がラグジュアリーブランド、約一兆円がセレクトショップで販売されるようなブランド、残りの約八兆円はファーストリテイリングやH&Mをはじめとするファストファッション、あるいはファストファッションより価格は高いが、大手のセレクトショップで扱う価格帯ではないブランドである。

ピース・トゥ・ピースでは、これらのうち、セレクトショップに扱ってもらえるレベルのブランドのみを扱うことに焦点を定めた。

ラグジュアリー市場は縮小傾向が激しく（ピーク時一九九六年の市場規模の半分以下）、ファストファッションに代表される低価格志向のカテゴリーも、SPA（製造から販売までを単一の業者が行う）の業態をとる超大手企業による寡占市場で、大手企業同士の競争もますます激化している。

セレクトショップで販売されるブランドも、潜在的なブランドも含めれば数万もあって競争が激しかったが、二〇〇九年時点では、地球に貢献するようなブランドの扱いは皆無に等しく、ピース・トゥ・ピースがブランド側と独占的な契約を締結できれば勝機が見出せると踏んだのだ。

いかにして売るか

日本のセレクトショップで扱われているブランドは、ファッションセンスは高いが地球貢献とは無縁なブランドばかりだった。一方、地球環境保護を謳《うた》うさまざまなチャリティー団体が手がけるグッズはファッション性、クオリティともにレベルが低く、セレクトショップでもほとんど扱われていなかった。そこで、この市場は開拓できると判断したのだが現実は厳しかった。

海外にはファッション性があり、なおかつ地球貢献を実施しているブランドがあった。先に示した、現在ピース・トゥ・ピースで扱っているブランドなどである。それらは、日本市場に興味をもっていた。問題は販売だった。

ファッション性があり、海外での知名度も申し分ない、クオリティも高く、価格も適正で、多くのセレブリティが共感している。それなのに、日本のセレクトショップではなかなか扱ってもらえない。これにはセレクトショップの特殊な事情があった。

日本のセレクトショップ市場は完全な供給過多で、バイヤー側に有利な交渉力がある。ショップのバイヤーはブランド側からの毎日のような売り込みに辟易《へきえき》していた。またバイヤーは「自分で見つけた」ことに喜びを感じる人が多く、ブランド側からの営業によって「買わされた感」を嫌う。

では、バイヤーが買いたいと思うのはどんなアイテムなのだろう。僕の経験をまとめると以下のとおりになる。

●これは売れそうだと確信できるもの。セレクトショップはリスクをとって買取り取引をするので、売れ残れば在庫になる。売れるかどうかは最重要項目だ。

●ブランドの継続性。できたばかりのブランドは一シーズンで終わることもあるため、少なくとも数シーズン続いている継続性のあるブランドでないと扱ってもらうのは難しい。

●新鮮味のあるブランド。セレクトショップの多くは世の中に新しいブランドを紹介していくことに意義を感じている。そのために既存ブランドが取扱い中止となることもある。
●自社ブランドとの相性。セレクトショップでは、世界中のブランドからセレクトしたものを陳列する一方で、自社ブランドのアイテムも多く扱っている。そうした自社ブランドとの相性を見るのである。世界観がまったく異なれば話にならないし、近すぎるとカニバリゼーション（食い合い）を起こすから、オーダーに至らない。
●話題性。メディアに出る、創業者やデザイナーがイベントを行うなどの話題性を求める。要するにそのブランドが「イケてるかどうか」を見るのである。

そして、このようなセレクトショップに扱ってもらえるような志あるブランドを販売するには、以下のどれかで勝負するしかないと考えた。

①エッジの利いたデザインと話題性を考え、ショップ展開を図りつつ卸していく。だが、これは優秀なデザイナーが自身のブランドを立ち上げて成功していくパターンだ。僕はデザイナーではないし、自分のブランドを立ち上げるつもりもなければ、得意でもない。

②インターネットをフルに活用した新しいビジネスモデルを立ち上げる。
長らくファッションとインターネットの相性は悪いと考えられていたが、米国の

ザッポスや、日本ではスタートトゥデイが展開するeコマースサイトZOZOTOWN《ゾゾタウン》によってその概念は覆されたといっていい。いまではこの分野はアイデアと工夫によって新しく開拓できる余地があると考えられている。

③特徴のある「軸」を見出し、そこに特化して効率的に広めていく。

僕は、基本的に③で勝負しつつ、場合によっては②との合わせ技で打って出ようと考えた。「地球に貢献する」「ブランドとして意思のある」、言葉を換えれば、「ストーリー性のあるブランド」のみを扱い、セレクトショップやデパートで展開するのだ。

この軸は、セレクトショップや他のブランドともコラボ展開しやすく、消費者からも共感を得られやすい。いつの日か、日本のセレクトショップには地球の未来に貢献するブランドばかりが並び、購入されるようになるのではないか、という希望的観測もあった。

有名ブランドとのコラボが転機に

ピース・トゥ・ピースの転機は、創業二年目の二〇一〇年にやってきた。知人の紹介で、イタリアの有名ブランド、「エミリオ・プッチ」の日本法人社長と会えることになったのだ。

こんな機会は二度とない。僕は徹夜でコラボレーションに関する資料をつくった。

当日、社長の前で必死のプレゼンテーションを行ったところ、なんとその場で仮のゴーサインが出た。その後、正式契約を目指し、エミリオ・プッチの本国を説得するための資料を二カ月間かけてつくりこんだ。

エミリオ・プッチ日本法人と、ピース・トゥ・ピースの当時の担当者ダニエルと僕の合作で、オムニピースとはどんなブランドで、どんな実績があり、どこを目指しているか、また、オムニピースと組むことによるエミリオ・プッチのベネフィット、具体的なアイテム候補、その理由、そのアイテムのクオリティや価格などの詳細を数十枚の資料にまとめた。こうしてコラボレーションが決まった。

本国を納得させられたアイテムは傘だった。雨や雪から私たちを守ってくれる傘のように、「アフリカの子どもたちを守ってあげたい」という願いを込めて商品化した傘には、イタリア語で「目」を意味するOCCHI《オッキ》というプリントを使用した。「世界の問題に目を向けるときがきています」というメッセージである。これをクリスマスイベントに向けて五〇〇本つくり、双方で二五〇本ずつを販売することに決まった。

定価は一万八九〇〇円。ピース・トゥ・ピースとしては挑戦でもあった。

普通に考えれば、一万八九〇〇円もする傘は簡単には売れないだろうし、在庫を二五〇本抱えることは大きなリスクだった。相談した友人のなかには、「小さい会社がすべきことではない」とアドバイスをくれた人もいた。

だが、エミリオ・プッチのブランドの価値や知名度から考えれば、一万八九〇〇円の傘二五〇本分という在庫リスクはとる価値があると僕は考えた。それに、こうしたきっかけがなければ、大きな広告予算のないオムニピースのようなブランドを日本で認知してもらうのは至難の業だ。

結果は予想を大きく上回った。

エミリオ・プッチは、すぐさま専属のＰＲ会社を通し、三〇誌以上の雑誌に商品を掲載し、大々的に宣伝してくれた。その結果、ピース・トゥ・ピース分の二五〇本もオンライン予約の段階で瞬く間に売り切れたのである。

エミリオ・プッチのブランド力に便乗させてもらったわけだが、ともかくこれでピース・トゥ・ピースの知名度は飛躍的に上昇した。

単独なら在庫リスクをすべて背負い込まなければならないが、コラボならそれが半分ですむうえ、相乗効果も期待できることがわかったのも収穫だった。

もちろん、エミリオ・プッチにしても、大きなベネフィットがあると判断してのコラボである。卸価格と販売価格は、エミリオ・プッチにとって寄付分を差し引いても十分な利益があがる仕組みになっていた。

また、コラボだと、在庫リスクを半減しながら展開できる。ピース・トゥ・ピース同様、エミリオ・プッチのようなハイエンドで、かつ店舗を持っているブランドでも在庫リスクは避けたいに決まっている。ピース・トゥ・ピースが販売の半分を負担するのは彼らにとってもリスクヘッジだったのだ。

エミリオ・プッチのブランド価値も上がったと思う。アフリカを支援するオムニピースとのコラボは、「さすがプッチ」とファッション業界からも消費者からも大きな注目を集めたからだ。

この追い風を活かしてもっと攻めの営業をしていれば、一気に販路を広げられていた可能性もあった。それをしなかったのは、明らかに僕の失策だ。それでも、メディアへの露出が増えて、ピース・トゥ・ピースの営業は格段にやりやすくなった。

さらに嬉しいことは続いた。

それまでは、著名人にブランドのPRを頼んでもなかなか引き受けてもらえなかったが、それなりに知られてくると、ピース・トゥ・ピースの趣旨に賛同して、「応援してもいい」と言ってくれる人が少しずつ増えてきたのである。

たとえば、二〇一〇年度ミス・ユニバース・ジャパンの板井麻衣子さん。オムニピースのアンバサダー（ブランド大使）をお願いすると、二つ返事で引き受けてくれた。二〇〇九年度ミス・ユニバース・ジャパン日本代表の絵美里さんも、当社の扱うもう一つのブランド「フィード」のアンバサダーを了解してくれた。

それからエビちゃんことモデルの蛯原友里さん。彼女は「オムニピースのプロジェクトに参加したい」と自ら協力を申し出てくれ、事務所も協力的だった。他ブランドとの契約に関連して一時暗礁《あんしょう》に乗り上げたが、最終的には彼女の強い意向もあって、ウェブとデパートのＰＯＰ限定で商品ＰＲに写真を使わせてもらえることになった。

ほかにも雑誌のモデル、著名スポーツ選手など、さまざまな分野で活躍している方々がウェブ限定で、オムニピースを宣伝することを快く引き受けてくれるなど、応援の輪は確実に広がっている。

ユナイテッドアローズとのコラボが成功

エミリオ・プッチとのコラボによってようやく社会に認知され始めたピース・トゥ・ピースは、翌年五月、次なるコラボを仕掛けた。

今度のパートナーは「ユナイテッドアローズ」だった。

オムニピースの「アフリカに平和を」というコンセプトに、多くのセレブが賛同している。写真中央は右から女優のコートニー・コックス、創業者であるメアリー・ファナロ、歌手のシェリル・クロウ、女優のジェニファー・アニストン。

東京・渋谷にあるビューティ&ユース ユナイテッドアローズ 渋谷公園通り店を、「オムニピースウィーク」と称してオムニピース一色にし、コラボTシャツの販売のほか、ウガンダのアーチストや日本の人気DJ、二〇一〇年度ミス・ユニバース・ジャパンの板井麻衣子さんなどを呼んで、ライブペインティングのイベントを行った。

また、そのうち一日をチャリティーデイとして、全国のユナイテッドアローズおよびビューティ&ユース ユナイテッドアローズの店舗のお客様一人につき一〇〇円を寄付することにした。

すると、なんと約九〇〇〇人の買上げがあり、その寄付金によって七〇〇着以上の制服をルワンダの子どもたちに贈ることができたのだ。

小学校に制服を贈るというアイデアは、あるNPOからもち込まれたものだった。ルワンダのような途上国では、制服はあっても通常一人一着しか支給されない。だから、ずっと同じ服を着続けることになる。すると衛生状態が悪くなって感染症などが起こりやすくなる。そういう状態を改善しようと、そのNPOは先進国で寄付を募って制服を贈る活動をずっとやっていた。

できれば七〇〇着ほしいというのでそれを目標にしたのだが、まさか実際に達成できるとは思っていなかったようだ。NPOの人たちも大変喜んでくれた。

寄付はお金のままより制服のように目に見える形のほうが、地球貢献をしているという お客様の実感はより大きくなる。そういう大事なこともイベントを通してだんだんとわかってきた。

さらに、二〇一二年六月からは、全国に美容室を展開する「エアーグループ」ともコラボを行っている。

同社は以前よりピンクリボン運動（乳がんの早期発見・診断・治療の大切さを伝える運動）や、介護施設支援活動などに非常に熱心に取り組んでいて、僕も以前から関心をもっていた。

あるとき、オムニピースのファンだという友人が、たまたまエアーグループの美容師（ディレクター）と友人関係にあり、オムニピースのコンセプトとコラボ案を話したら、このディレクターが興味をもってくれたのだ。

その後、僕が直接会って、オムニピースを紹介し、購入費用の一部がアフリカの学校建設費用になることを説明すると、その仕組みを大変気に入ってくれて、前向きにコラボを進めてくれることがその場で決まった。「オシャレなことで社会貢献ができないか」とずっと考えていたということだった。

いまでは全店の美容師と受付全員が、エアーグループ用に新たに開発したエアー×

オムニピースの限定コラボTシャツ（ブラック、ネイビーの二色）を着用している。来店されるお客様にも、コンセプト、デザインとも大変好評だ。

そして、最大の失敗

失敗しなければ成長もない。

これは僕のモットーだ。全財産を失うような致命的な失敗でなければ、恐れる必要はないと思っている。そもそも失敗しなければ、学べないことばかりだ。

ピース・トゥ・ピースでも、小さいものも含めれば数限りなく失敗してきている。そのなかでも最大といえるのが、ローレン・ブッシュ・ローレン氏の日本招聘《しょうへい》だった。

フィードの創始者であり、ブッシュ前米大統領の姪でもあるローレン・ブッシュ氏は、二〇一一年にラルフ・ローレン氏の息子と結婚したこともあって、当時米国では話題の人だった。二人が結婚することでローレン・ブッシュの名前はローレン・ローレンになるのかと、そんなことでも話題になっていた。

当時、ピース・トゥ・ピースでのフィードの取扱いは下火になっていた。ほとんどすべての日本のセレクトショップで一度は取り扱われていたが、なかには「もう扱わない」と明言するところもあった。こんな状況で、「ローレン・ブッシュ来日をピース・

渋谷公園通りにあるユナイテッドアローズの店舗をオムニピース一色にして、コラボTシャツを販売。その寄付金で 700 着以上の制服をルワンダの子どもたちに贈ることができた。下の写真は、美容室を展開するエアーグループとのコラボTシャツ。

トゥ・ピースが窓口になって手がけよう」という起死回生のホームラン企画を狙ったのである。成功すれば初来日だ。

ニューヨークに住むダニエルに、「彼女が来日してくれれば、フィードの知名度が一気に上がる。なんとかならないか」と相談したところ、彼は「日本のフィード総代理店であるピース・トゥ・ピースの依頼なら、可能性はゼロではない」と言った。

だったら、そのわずかな可能性に懸けてみようと二人でプレゼンテーション案を練り、フィード側にぶつけたところ、なんとその数週間後、ローレン・ブッシュ氏から「二〇一二年一〇月に日本に行く」という返事が届いた。

ローレン・ブッシュ氏はセレブ中のセレブである。メディアが注目しないわけがない。さっそくセレクトショップや百貨店などと連絡をとって、いくつかのイベントを企画し、各種メディアにプレスリリースを送り、できるだけ大きく扱ってもらえるよう交渉を始めた。

ローレン・ブッシュ氏は慈善家としての活動も行っているので、「前年に東日本大震災に見舞われ、復興途上の東北地方を支援するためのオリジナルバッグをつくらせてもらえないか」とお願いすると、これも快く承諾してくれた。

そこで、すぐにデザイナーに発注し、ローレン・ブッシュ氏とも何度もやりとりをして、ようやく図案が決まり、生地も製造し、製作に入るというところで、突然とんでもない事態が起こった。

彼女から「東北支援のオリジナルバッグは許可しない」という連絡が入ったのだ。

これには僕も顔色を失った。すでにバッグの発売は既定のこととして発表しており、いくつかのファッション誌はそれを前提に特集を組んでいる。いろいろな機関や団体、セレクトショップなどでも、発売を前提にしたイベントの開催を決めていた。

多くの団体を巻き込んでしまっている以上、あとに引けない。ピース・トゥ・ピースの信用問題にもかかわる。

「いまさら中止にはできない」とこちらの事情を訴えても、ローレン・ブッシュ氏側はまったく取り合ってくれない。フィードの製作ライセンスを狙っている大きな組織があって、そこから横やりが入ったのか。あるいは、それ以外のところに問題があったのか。とにかく原因がわからず対処のしようがなかった。

最大の失敗は、ローレン・ブッシュ氏と契約書を交わしていなかったことだった。

もちろんこちらは契約書を用意し、メール上では承諾を得ていた。あとはサインをいただくだけという状況だったのだが、彼女はいつも世界を飛び回っており、直接本人をつかまえてサインしてもらうことができなかったのである。

それまでの良好な関係からして、契約にサインしていないからといってバッグを製作できないということはあり得ない、そう高をくくっていた僕らが甘すぎた。

ダニエルとは毎夜スカイプで対策を話し合った。最悪なのは、彼女がへそを曲げて「日本に行かない」と言い出すこと。そうなったら日本側の窓口であるピース・トゥ・ピースは、各所から賠償金を請求されることになる。それだけはなんとしても避けなければならない。

そこで、僕とダニエルは、来日を確約させることに狙いを絞り、四つのポイントで交渉することにした。

①来日するメリットの強調

創始者が来日することでフィードの知名度が上がり、イメージアップにもつながる。販促効果も期待できる。

②ピース・トゥ・ピースの企業努力と来日中止による実害の明確化

ピース・トゥ・ピースはフィード製品の販売に多大な貢献をしているし、今後もなおいっそう努力するつもりである。また、ローレン・ブッシュ氏来日の準備には相当な時間とコストをかけている。

③金銭的な補償

オリジナルバッグの販売で世界の食糧問題に取り組んでいるブランド「フィード」の創始者であり、ブッシュ前米大統領の姪でもあるローレン・ブッシュ氏の初来日イベントも手がけた。想定外のトラブルもあったが、なんとか招聘を実現できた。

オリジナルバッグの販売に関しては、売上金額が予定を下回った場合は、ピース・トゥ・ピースがそれを補償する。

④訴訟の可能性

フィードおよびローレン・ブッシュ氏側がメール上で交わしていた約束を一方的に破棄するのであれば、法的手段に訴えざるを得ない。

眠れない日々が続き、関係者に呼び出されて罵倒されたこともあった。こうしたとき、支えてくれる人と去っていく人とがいて、本当の仲間のありがたさを思い知らされた。社員からは「あのときの大澤さんは明らかに痩せていた。辛い状況にじっと耐えている姿には衝撃を受けた」とも言われた。社内では多少愚痴などを漏らしたかもしれないが、社外には一切弱みは見せられなかった。

最終的には、オリジナルバッグの製作は叶わなかったものの、来日は実現した。

正直、バッグの製作・販売ができなくなったことで、当初予定していた五〇〇〇万円の売上げがなくなったのは痛かった。オリジナルバッグの販売をお願いしていたセレクトショップや、パブリシティ記事の掲載を約束してくれていた雑誌などには謝罪の手紙を書いたり、直接謝ったりもした。

それでも、ローレン・ブッシュ氏の初来日のイベントを手がけたことで、ピース・トゥ・ピースの知名度とプレステージが上がったメリットは大きかった。

一時はどうなることかと焦ったが、苦難を乗り越えたことで、僕もピース・トゥ・ピースもかなりたくましくなれた気がする。それに修業の場を与えてくれたと思えばローレン・ブッシュ氏に感謝こそすれ、恨む気持ちは少しもない。何事も原因は自分にあると考えるべきで、トラブルを他人のせいにしていると個人も会社もいつまでたっても成長できない。

ローレン・ブッシュ氏とのトラブル以外にもピース・トゥ・ピースの危機はあった。最も大きなものは過剰在庫だ。正確に言うと、もともと課題としてあった在庫の問題が、ローレン・ブッシュ氏との問題によっていっそう在庫が膨れ上がり、このとき最大の危機を迎えたのである。

あきらめなければ解決策はある

インポートであれライセンス契約であれ、卸事業、委託販売事業、オンライン販売事業のいずれであれ、在庫を保有しなければ売上げはあがらない。売上げを伸ばそうとすると在庫の問題は避けて通れない。

現在ピース・トゥ・ピースでは、目指せる売上げの規模、利益率、在庫リスクそれぞれのバランスを見ながら、四つのタイプの事業を運営している。

①在庫リスクはないが利幅が薄い事業（セレクトショップからのオーダー、卸）

②在庫リスクはあるが売上げ・利益をとれる事業（デパートなどでの委託販売事業）

③在庫リスクがあり現状多くの売上げにはなっていないが、最も高い利益率となっている事業（オンライン販売）

④在庫リスクがなく、多くの売上げには結びつかないながらも高い利益率となる事業（コラボを含むサブライセンス事業、つまりブランド使用の権利を付与してブランド使用料を得る事業）

このように事業をとらえれば、在庫リスクがあるからといって、あきらめる必要も、また必ずしも大きいリスクをとる必要もなく、リスクを抑えながら徐々に拡大させる方法が見つかる。

それに、思えばこれまでも、最初からずっと順調にいった事業など一つもなかった。だから、ローレン・ブッシュ氏とのトラブルという想定外の事態にも、なんとか対処することができたのだと思う。

そして、どんなに悲惨な状況に追い込まれても、あきらめさえしなければ必ず解決策はある。これも僕が経験から得た教訓だ。

だから、迷ったら挑戦したほうがいい。このときも「ローレン・ブッシュ氏を呼ぶなんて、そんなの無理だ」と最初から尻込みしていたら、胃が痛くなることもなかったただろう。だが、それでは交渉のノウハウを得ることも、メディアに自分たちの存在を印象づける機会も手に入れられなかった。

挑戦して成功すればよし。失敗したら、失敗しなければわからなかったことがわかる。だから、どちらにしても挑戦したほうがいい。

発展途上の人間が偉そうなことは言えないが、これはたぶん正しい。

2 海外へ──想いを実現する方法を探す

地球に貢献する仕事がしたい

ピース・トゥ・ピースは「えらぼう地球貢献」という一見、民間企業らしからぬ看板を掲げているが、創業者で代表を務める僕が、特殊な思想や主義主張の持ち主というわけではない。

僕にとって優先順位のトップは、いかに売上げを伸ばし利益を出し続けるかということだ。普通の会社の経営者と同じである。

「わが社は地球貢献を目指している」と声を張り上げていれば、賛同した人が向こうからやってきて、次々と商品を買ってくれるなどということは絶対にない。

ピース・トゥ・ピースが扱っているのはTシャツやバッグ、アクセサリーといったファッションアイテムであり、市場にはたくさんの競合品が存在する。

そのなかで消費者から選んでもらうためには、商品自体に際立った魅力がなければならないのはもちろん、買ってもらうための仕掛けや戦略も日々考え続けなければならない。

お金儲けは二の次で、どうしたら貧困をなくせるかとか、アフリカの教育支援策とか、そんなことばかり考えていると、会社はあっという間に傾いてしまうだろう。そうなれば、地球貢献も何もあったものではない。会社がきちんと利益を出しているからこそ、寄付も貧困国の人たちのための活動もできるのだ。

だから、僕はなんとしてもいまの事業を成功させ、ピース・トゥ・ピースを成長させ続けなければならない。

ただ、普通の起業家が、会社を大きくしたり株式を上場したり、市場シェアでトップをとったりすることを目指すのに対し、僕がピース・トゥ・ピースを立ち上げた動機はあくまで地球貢献のためだ。そういうところは異質かもしれない。

地球のために何かいいことをしたいという気持ちは、誰もがもっているだろう。でも、多くの人は、そういう気持ちは仕事とは相容れない。あるいは、仕事以外の活動でなんとかするものだと考えている。

ところが、僕は、地球に貢献したいという気持ちをそのまま仕事にしている。そんな変わったことをするのだから、大澤という人間は、もともと何か普通ではない価値観で生きてきたに違いないと思われるかもしれない。

しかし、僕はごく平均的な家庭に生まれ育ち、豊かな日本社会でそれなりに青春を謳歌し、そこそこの野心を抱きながらサラリーマン生活も楽しんできた。

新卒で入社した三菱商事を三年で辞め、その後も何度か転職を繰り返してきた点は、変わっていると言われればそうかもしれないが、いまの時代、その程度のキャリアは珍しくもなんともない。

この章では、僕のキャリアがどのようにしてピース・トゥ・ピースに行き着いたか、そこにどのような偶然や必然があったのかを、少々ページを割いて明らかにしていこうと思う。


僕の人生に大きな影響を与える友人に出会ったのは高校時代だった。

僕が通った早稲田大学高等学院は、三年間クラスが同じだった。当時、仲がよかった仲間三人とは、大学もそのまま持ち上がりだったこともあり、大学時代には一緒に海外旅行にも行った。その仲間たちとは、いまも仕事もプライベートも含めてつき合っている。ピース・トゥ・ピースの事業展開にもかかわっているその三人を、あえて紹介しておきたい。

ＴＭＩ総合法律事務所パートナー弁護士の渡辺伸行、マッキンゼーを経て現在はＮＰＯ法人テーブル・フォー・トゥ（TABLE FOR TWO International）の代表理事を務める小暮真久、そして、マスコミで活躍しＴＶプロデューサーとなっている宇和川隆の三人だ。

喧嘩もしたが、何でも気兼ねなく正直に話せる仲間だ。高校時代は、そんな仲間の大切さを意識し始めた最初のときでもある。

僕の意識が少しずつ海外に向き始めたのもこの時期だった。

そのきっかけの一つは、高校三年生のときに家で留学生のホームステイを受け入れたことだ。父親には、息子二人（兄と僕）に英語はもちろん、海外の文化にも触れさせたいという考えがあったのだろう。

やってきたのはオーストラリア人のジョンだった。ジョンとは毎日一緒に登校し、女の子のこと、学校のこと、オーストラリアのことなど片言ながらいろいろ話した。そうしたなかで自然と海外に興味が湧いてきた。

ただ結果として、ジョンは僕以外の家族全員と大喧嘩してしまい、家を出て名古屋の高校に転校してしまった。

兄とはささいなゲームでトラブルになり、二人とも気が強かったから衝突した。世話好きな母に対しては、自分は大人だからほうっておいてくれというジョンの態度が日に日にひどくなり、母は彼に恐れを抱くようになった。最終的には最も英語を理解し、ロジックで議論できる父が、大澤家のルールを説明し留学生としての自覚を問いただしたのだが、結果としてはジョンを追い出す形になってしまったのだ。

僕が驚いたのは、英語の発音では流暢とは言えない父が議論で相手を圧倒する様だった。このとき、論理をもって英語を話す術を身につけたいと思ったことを覚えている。いまでは毎日のように海外の取引先や、パートナーのダニエルとも英語で侃々《かんかん》諤々《がくがく》の議論をしているが、これもジョンと父親の議論が原点だ。

留学の費用一五〇万円を稼ぐには

大学生になると、語学力の獲得、卒業後の仕事に役立つ経験を得ることを目的に海外留学を考えるようになった。

留学先には、米国西海岸のビジネススクール（MBAではなくCertificateという認定証が得られるビジネスの専門学校）を想定した。それにはTOEFLで一定以上の点数を取っておかなければならない。そこで、大学に入るとすぐに、TOEFL

対策を始めた。

基本は独学。問題集を買ってきて自宅ではそれを解き、外出時にはヘッドフォンステレオでリスニング用の教材を繰り返し聴くなどして力をつけていった。

当然のことながら、留学には滞在中の生活費も含めてそれなりにお金がかかる。そこで、援助をお願いしようと親に計画を話すと、留学自体に大反対されてしまった。とくに父は、ただでさえ就職難のご時世なのに、留学などで時間を無駄にしていたら、ろくなところに就職できないと大激怒。どうしても行きたいのなら、自分で費用を工面しろ、俺は一銭も出さないと取りつく島もなかった。

そこで、留学の費用を自分で稼ぐことにした。そうはいっても大学の授業もあるし、TOEFLの勉強もしなければならない。それにテコンドーの道場にも通っていたため、アルバイトに割ける時間は限られている。必要な留学費用は約一五〇万円。

外国人の旅行ガイドや、バーやレストランで外国人の接客をする仕事であれば英語も学べるのでよいのだが、旅行ガイドになるには資格が必要だし、レストランなどの職種は稼ぐには効率が悪い。考えた結果、安定して効率よく収入を得られる仕事と、たまにでも大きい収入になる仕事を組み合わせることにした。

前者は、家庭教師とバレーボールのコーチ。家庭教師は、運よく近所に大手企業の社長が住んでおり、そこの息子を相場の約二倍の時給で教えた。ママさんバレーのコーチは高校時代の部活の延長のようなもので、家庭教師と同程度の時給をもらえた。

後者は芸能の仕事。知り合いのつてをたより、芸能事務所のオーディションを受け、芸能部・モデル部両方に所属した。

僕は学生がまともに収入を得るには、何か特殊なビジネス能力・スキルを活かすか、体力・運動能力を使うか、身体的特徴で売るか、この三つしかないと思っていた。しかし僕には特殊なビジネススキルも体力もない。あるのは身体的特徴だけ。それを大きい収入になるかもしれない仕事に活かしたのだ。

当時、僕の顔は「どこの国籍だかわからない」「眉毛が太い」「鼻がでかい」「(日焼けで)色が黒い」と友人にからかわれていたし、合コンなどの場では「こいつはどこの国から来たと思う?」など、必ずネタにされた。身長は一八四センチ。テコンドーをしていたこともあって、減量時以外はかなりのマッチョだったのだ。

事務所に所属してからはスイスイと事が進んだ。

事務所からの連絡でCMや映画のオーディションを数回受け、五、六回目に受けたCMのオーディションで合格して、主役の座を勝ち取った。一九九三年から二〇〇二年まで三井不動産が所有し、営業していた当時の史上最大、世界最大の屋内スキー場、ららぽーとスキードーム「ザウス」のＣＭだった。

オーディションでは大抵は顔のよい俳優や俳優の卵たちが会場に集まるが、このときは、ガタイのよいお兄さん、もしくは太った人たちばかりだった。ＣＭの主役のテーマが「ラグビー部の主将」だったからだ。ラグビー部の主将が部員を引き連れてスキーをしにザウスにやってきたという設定だったと思う。

撮影は丸二日間で、一〇〇万円近いギャラをいただいた。事務所によると、「ごめんね、こんなに少なくて。バブルが弾ける前は一〇倍くらい支払えたんだけど」とのことだったが、僕としては十分すぎる額だった。

このバイトでは留学に必要な金額だけでなく、貴重な経験も得られた。数々のオーディションに参加することで、人前で話すことに慣れ、度胸もついた。

こうして資金が確保でき、留学希望先のカリフォルニア州立大学サンバーナーディノ校からも合格通知が届いて、無事留学できることになったのである。

英語力をつけ、マーケティングの学位を取る

カリフォルニア州立大学サンバーナーディノ校では、インターナショナル・エコノミクスという学部の二年生に編入し、一年間学ぶ予定だったが、転校のため五カ月間

の勉強で単位を取得した。

心がけたことは、日本人とはできるだけ接触しないことと、確実に単位を取得して早稲田大学に単位の交換をしてもらう努力を惜しまないこと。それから、週末のパーティー等に参加して、何でも話せるような友達をつくる。

その結果、いまも交流が続く友人ができ、英語コンプレックスもなくなった。流暢な英語でなくても、話す内容とキャラクターが人間関係づくりにきわめて重要だということがわかり、英語の勉強に対する考え方が完全に変わった。

留学期間の後半は、カリフォルニア大学のバークレー校エクステンションプログラムに転校して勉強を続けた。ここは、マーケティング専門のビジネススクールで、マーケティングのセオリーから米国企業の実践的なケーススタディーまでを学べて、さらに単位をすべて取得すると修了証を得られるという特徴があった。

フランス、スペイン、ドイツ、アルゼンチン、韓国、香港などから米国の先進的なマーケティングを勉強しようと、社会人経験を数年程度積んでやってきた留学生も多かった。ホームステイ先が一緒だったアルゼンチン人のマティアスをはじめ、さまざまな国の友人もたくさんでき、僕の英語力は彼らとのディスカッションのおかげで確実にアップした。日本や日本人が世界からどう見られているのかを初めてリアルに知ることができたのも貴重な経験だった。

留学生活は正味一年だったが、念願の英語力に加え、マーケティングの学位、ワールドワイドな視野という大きな財産を手に入れることができた。

政府開発援助（ODA）の仕事がしたい

留学を終えて帰国したのは大学四年。すでに就職活動の時期は終盤で、僕自身は来年あらためてチャレンジしようと、その年の就活は半ばあきらめていた。

ところが、父に「就職浪人なんて絶対に許さない。在学中に必ず決めろ」と一喝され、急遽、就職活動を始めることにした。昔堅気で厳格な父は、わが家では絶対的な存在であり、逆らうことはできなかったのだ。

しかし日本に戻ったばかりで、準備も何もできていない。仕方がないので、とりあえず自分なりの会社選びの基準を決めることから始めた。

父は「とにかく一流企業、大企業に入れ。そしてそこで一生勤め上げろ」としか言わない。それが父にとっての、人生の成功イメージだったのだろう。

息子に堅実な道を歩ませたいという父の気持ちはわからなくもない。だがこれからはいろいろな働き方があるべきで、企業の名前（もしくは規模）に固執して働き続けることが幸せだとは思えなかった。

父は若いころから外資系の会社でキャリアを築いてきた、いわゆるやり手のビジネスマンで、周囲からも成功者として一目置かれ、それなりの報酬も手にしていた。だが、仕事に対してはネガティブで、しょっちゅう上司と喧嘩して帰ってきては、「こんな仕事やってられるか」「俺はおまえたちを養うために、仕方なく働いているんだ」と愚痴をこぼしていた。

いくら世間から羨望の目で見られても、父のように我慢をしながら働き続けるのではたまらない。僕は絶対に自分のやりたいことを仕事にしよう。そう思っていた。僕のこの考えは、いま振り返っても正しかったと自信をもって言える。父という反面教師が身近にいたから、会社選びで間違いを犯さずにすんだのだ。

では、やりたいこととは何か。

まず頭に浮かんだのは、グローバルに活躍する仕事だ。留学で世界の広さを実感して以来、日本人だけを相手にしたビジネスにはあまり魅力を感じられなくなっていたのである。

とにかく何かの役に立つ仕事がしたいとも思った。

当時、両親や学校からは「人に迷惑をかけるな」と教育されたが、僕は「迷惑をかけないことを意識しすぎて萎縮するよりも、それ以上に社会に貢献できるようになろう」と考えていたのである。

それから、優秀な人がいる環境で働きたい、自分も社会人として早く成長したいとも考えていた。人は周りの人に影響をうけ、人から学び、成長する。だから、とくに二〇代のうちは仕事ができる人たちと一緒に働きたかった。

この年は超氷河期といわれるほどの就職難。そのうえ僕は完全に出遅れており、電話をしても「今期の採用は終わりました」のひと言で、面接すら受けさせてもらえないことも一度や二度ではなかった。だからといって就職活動がつらかったという記憶はまったくない。面接が楽しかったのだ。

どこの会社に行ってもとくに緊張することなく、聞かれたことに対して自分の意見や考えをそのまま口にするだけなのに、総じてウケはよかった。老け顔が落ちついて見られたのと、自然体が好印象につながったのだろう。

そして、最終的に三菱商事にお世話になることに決めた。

日本の総合商社は世界中に進出している。しかも、「ラーメンからミサイルまで」といわれているように、扱っているアイテムの幅が大変広く、社会的に意義のある仕事も含まれている。とくに政府開発援助（ＯＤＡ）では、商社が重要な役割を果たしているとき聞き、ぜひその仕事をやりたいと思ったのである。

それに、三菱商事なら、さすがに父も文句を言わないだろう。留学に大反対し続けた父を見返したい気持ちも少しはあった。

ただ、会社に骨を埋める覚悟だったというわけではない。最初は右も左もわからないが、経験を積み、実力を蓄えたら、もっといろいろなことが見えてくるだろう。そうしたら、転職だって十分あり得るはずだ。そう思っていた。

だから、最終面接で「もし内定を出したら、あなたは一生ここで働きますか」と念を押されたとき、「わかりませんが、途中で辞めている可能性のほうが高いと思います」と、思わず本音を口に出してしまった。それでも採用してくれたのだから、三菱商事というのは懐が深い会社だ。

こうして、僕の社会人生活がスタートした。

3 就職——貧しい人のために働きたい

念願のアフリカへ

最初に配属されたのは、入社後の配属希望面接での希望が通り、ＯＤＡを扱う国際協力室のある業務部だった。ただし、当時、三菱商事は中国に力を入れており、業務部に入った新人三人は全員、中国室に配属された。

だが、国際貢献に直接かかわる仕事がしたいと思っていた僕は、ことあるごとにそれをアピールし続けたところ、その甲斐あって一年後には、同部の国際協力室に異動となった。ここはＯＤＡを扱っているチーム。まさに行きたかった部署だ。

そして、異動の数カ月後には早くもタンザニア赴任が決まった。ルワンダとの国境近くに、水に不自由している村がある。そこに井戸を掘るというＯＤＡのプロジェクトに参加させてもらえることになったのだ。

初めてのアフリカ、それに同期のなかでは海外赴任第一号となれば、いやがうえにもテンションは上がる。あれもやってやろう、これも試そうと頭のなかでいろいろ計画を立て、僕は胸躍らせながら現地に向かった。

タンザニア支店があるダルエスサラームはこの国最大の都市で、都会といってもいいほど開けたところだったが、事務所の粗末さは想像をはるかに超えていた。狭く建てつけが悪く、エアコンも動いたり止まったりといったありさま。仕事中、停電になることもしばしばあった。

いちばん困ったのはトイレで、ときどき水が流れなくなった。アフリカといっても一応、三菱商事の事務所だ。さすがにこれはないだろう。着任当初はそう思ったが、日が経つにつれ、これでもまだましなほうだということがわかってきた。

事務所にいる日本人は、一緒に赴任した四〇代の所長と僕の二人。ほかには現地で採用したスタッフが数名働いているだけ。部下として動いてくれる人たちは、僕たちがタンザニアの東大と呼んでいたダルエスサラーム大学の卒業生だけあってみな優秀で、指示したことはきちんとやってくれる。

ただ、その指示を伝えるのが大変だった。現地でのコミュニケーションはすべて英語で、彼らの英語力も決して低くない。しかし、何を言っているのかよくわからないのだ。アフリカの英語は、それくらい訛りがキツかった。一方、彼らにしてみれば、日本人の英語もかなり聞き取りにくいらしく、会話が成立せずイライラすることも少なくなかった。

本当の貧しさを知る

水道の水は濁っていて、そのままでは飲めないので、事務所にはミネラルウォーターやコーラ、ソーダなどが常備されていて、スタッフは自由に飲むことができた。ちなみに、ミネラルウォーターでも一度沸騰させて、それをきれいなコップに移し替えて飲むよう指示されていた。

暑い国だから、消費ペースはかなり速い。しかし、それにしても減り方が速すぎる。朝、冷蔵庫にいっぱいあったボトルが、夕方、外出から戻るとすっかりなくなっている。いくらなんでもそれはないだろうというようなことが、しばしば起こる。

そこで、よくよく注意して見ていると、現地人のドライバーが何本も外に持ち出していることが判明した。なんと彼は事務所のコーラやソーダを、街で売って小遣い銭にしていたのだ。

それだけではなかった。彼はボールペンなどの事務所の備品を売ったり、会社の車を使って白タクをしたり、僕たちの目の届かないところでやりたい放題やっていたのである。もちろん、すぐに注意してやめさせたが、話を聞いてみると、本人には悪いことをしているという意識がないようなのだ。

事務所にある飲み物は、従業員が仕事をしながら喉を潤すためのものなので、それ以外の目的に使用してはならないということくらい、日本人なら教えられなくてもわかる。ところがアフリカでは、タダの飲み物なのだから、自分が飲もうが売ってお金にしようが同じことだろうと考える人が少なくないのだ。

その根底には貧しさがあった。常に苦しい生活を強いられているから、現金を手に入れることが最優先されるのだ。三菱商事の事務所では、ドライバーにも平均以上の報酬を支払っていたはずだ。それでも、せっせと「副業」で稼がなければならないのだから、普通の人の生活は推して知るべしといっていいだろう。

本当の貧しさとは何か。そういうことがアフリカで暮らしていると、嫌でもわかってくる。タンザニアがどれほど貧しいか、僕が最初に実感したのは、赴任して最初の休日に、取引先のタンザニア人に誘われてゴルフの練習場に行ったときだった。

まずゴルフの練習場があることにびっくりしたが、行ってみると、そこはただのだだっ広い草原だった。形ばかりのティーグラウンドに立つと、遠くで現地の人たちが手を振りながら叫んでいる。どうやら「こっちに打て」と言っているらしい。

とまどいながらクラブを振ると、打球の飛んだ先に人が走っていく。僕はゴルフがそれほど上手くなかったので、打球の方向は左右前後定まらない。けれども、ボールがどこに飛んでも彼らは全力で走っていって素早く探し出し、ティーグラウンドまで持ってきてくれる。

炎天下の練習場で、日本人の若造が打ったゴルフボールを目がけ、タンザニアの大人が走り回る光景は気持ちのいいものではなかった。少し打って耐えられなくなった僕は、もうやめようとクラブを置いた。

すると、僕を誘ってくれたタンザニア人が、続けてくれと懇願するのである。

「あれが彼らの仕事なのです。あなたがここで一時間打てば、彼らは今日家族を食べさせることができます。だからどうかやめないでください」

聞けば、彼らが手にする金額は、一時間必死で走って日本円でわずか五〇円ほど。それで家族の一日の食費が賄えるのだ。

なんともいえない複雑な気持ちで、僕はボールを打ち続けた。青空の下で、広々とした草原に向かって思い切り打つのだから、本当は気持ちがいいはずなのに、心は少しも晴れなかった。

自分にできることはあるのか

当時のタンザニアは都市部を外れると、途端に道路の状態が悪くなった。赴任して間もないころ、前日の雨でぬかるんだ赤土の道にハンドルをとられながら、ゆっくりと車を走らせていると、突然、助手席のドアが開いて人が乗り込んできた。襲われた。強盗だ。撃たれる。

慌ててブレーキを踏み、恐る恐る顔を向けると、そこにいたのはまだ一〇代の女性だった。もちろん知り合いではない。わけがわからずとまどっていると、彼女は僕のシャツに手をかけ、ボタンを外そうとしてきた。

ちょっと待って。とにかく話をしよう。

僕は車を路肩に止め、どういうことか説明してくれと彼女に聞いた。ところが、彼女は英語がわからない。それでも、身ぶり手ぶりでなんとか会話を試みると、だんだん事情が見えてきた。

要するに、彼女は自分のことを娼婦だと言っているのだ。

生きるためにはお金を稼がなければならない。しかし、英語もしゃべれない若い女性が十分な収入を得られる仕事に就くのは、タンザニアでは至難の業だ。そこで、外国人の乗っている車を見つけ、自分のからだを売ってお金に換えようとしたのである。

とりあえず彼女には、僕にはその気はないからと言って、いくらかのお金を渡し帰ってもらった。

そうまでしないとこの国では生きていけないのか。車から去っていく彼女の小さな背中を目で追いながら、僕はしばらく涙が止まらなかった。

からだを売るなんて、そんな惨めなことは絶対にしてはいけない。日本人なら誰もがそう言うだろう。だが、それしか生きる術がない人はどうすればいいのか。

僕が人間の尊厳を損ねることなく、豊かさを享受していられるのは、たまたまこの時代の日本に生まれたからであって、運がよかったからにほかならない。

その運のいい僕は、同じ地球にこれほど貧しく苦しんでいる人がいることに対し、何もすることができない。

あのとき感じたカルチャーショックと無力感を、僕は忘れられない。それが間違いなく、いまやっているピース・トゥ・ピースの仕事の原動力になっている。

援助を必要としている世界の国や人々に手を差し伸べるのは、日本人の使命であると、いつのころからか僕は思い始めた。ODAに興味をもったのも、根底にはそういう想いがあったからだ。

第二次世界大戦で焦土と化した日本は、戦後めざましい速さで復興を果たした。それが日本人の努力の結晶であるのは間違いないが、それだけではない。

一九四六年から五一年にかけて、日本はアメリカから約五〇億ドルの援助を受けている。東海道新幹線や東名高速道路なども、世界銀行からの借入れがなければ建設は叶わなかった。また、国連児童基金（ユニセフ）からワクチンや医療機器、学校給食の支援なども受けている。

そういう世界の人たちからの手助けがなければ、戦後の復興にはもっとずっと時間がかかっただろう。

現在、日本は紛れもなく先進国の一員であり、世界で最も恵まれた国の一つだといっていい。そんな豊かになった日本に生まれた僕らの世代が、今度は助ける側に回るのは当然だ。

だから、ODA事業に直接かかわれるようになって、これでようやく自分のやりたいことができると、僕は嬉しくてたまらなかった。ところが、勇んで出かけていったはずのタンザニアで散々な目に遭うことになる。日本でやりたいと思っていたことなど、一つとしてできなかったといっていい。

理由の一つは、明らかに自分自身の能力不足だ。

それについては、ＯＤＡにおける商社の役割、現地駐在員の役割を説明しながら語りたい。

日本の常識がまるで通用しない

日本のＯＤＡの歴史において、商社は重要な役割を果たしてきた。日本企業のなかで、途上国を含め最も多くの地域に拠点をもっていたのが総合商社なのである。

ＯＤＡでは、「要請主義」という方法で事業が行われる。そのため途上国側は、どのような援助をしてもらいたいか、具体的な要請とデータを含む根拠を正規の書類にまとめ、日本政府に提出する必要がある。その結果、要請が認められれば、援助が許可される。

その仕組みのなか、総合商社は日本政府と途上国政府の間に入って潤滑油として機能してきた。どのような援助で、どのような書類を作成すれば受理され、承認されやすくなるかを、途上国側の政府にアドバイスし、リサーチを行う。

僕は商社マンとして、ダルエスサラームでの小学校建設や、小児科医院のリハビリプロジェクト、農業開発プロジェクトなどにかかわってきた。社内の担当部署と現地政府、日本大使館の考え方、現地の状況を把握し、コミュニケーションを円滑に図りながら、タンザニア政府に承認される確率の高いプロジェクトのプランを作成し、申請してもらうことが主な仕事である。タンザニア政府から日本政府に具体的な援助の申請がなされたもののうち、日本政府が受理し三菱商事に発注したプロジェクトのフォローという仕事もあった。

一九九七年に僕が駐在したときは、カゲラ州の難民居住区での井戸掘削による給水プロジェクトがスタートしており、僕の仕事は、このプロジェクト第一期、第二期を受注した会社の責任者として完工までフォローすることだった。何か問題があれば会社としても、日本政府としても責任問題になる重要な任務である。

現地では、ただでさえきれいな水へのアクセスがなく、数十キロ離れた村まで主に女性がバケツを持って水を汲んで運んでいた。そこにルワンダから大量の難民が流入し、さらに状況が悪化してしまったのだ。

日本のODAで行われている井戸掘りプロジェクトには、三菱商事のほかに、鉱研工業という井戸の掘削機メーカー、地元の下請け業者、タンザニア政府、日本大使館など、じつにたくさんの人たちがかかわっていた。そこでは毎日のように、さまざまなトラブルが発生した。

それも、「掘削機が予定の時間になっても到着せず、調べたら掘削機を運んでいたトラックが大雨で横転していて、運転手がどこに行ったかわからない」「車で移動中のスタッフがルワンダ人に襲われた」「日本の井戸掘り業者が下請け業者と喧嘩をして、地元の作業員が全員辞めてしまった」など、日本ではまず考えられないようなことばかりだ。

それらのトラブルは、調整役である商社にもち込まれる。プロジェクトの進行が遅れれば、日本政府から怒られるのも商社だ。そこで、必然的に日本人としてはいちばん下っ端の僕がトラブル処理に走り回ることになる。

トラブル処理といっても異国でのそれは、日本とはずいぶん勝手が違う。

たとえば、日本ならトラックが事故を起こしたら、まずはトラック会社が謝罪に飛んでくるのが普通だ。ところがタンザニアではそういう常識がまったく期待できない。そこで、あちこちに電話をかけて状況を確認したり、手紙を送ったりもするのだが、相手がなかなかこちらの指示に従ってくれない。

僕の英語が十分でないということもあるが、それよりも、どういう話し方をすれば、あるいは誰に何を言えば、こちらの望むように人が動いてくれるのかが、入社二年目の僕にはよくわかっていなかったのだ。上司からは、連日のように厳しい言葉を浴びせられ、僕はすっかり自信を失ってしまった。

いくら人のため、地球のためになるような仕事をしたいと理想を語ったところで、マネジメントもろくにできないようでは、世界に出たら何もできないということを、僕はアフリカで思い知らされた。

本当の支援とは何か

僕がやりたかったことができなかったもう一つの理由は、ODAそのもののあり方にあった。

たしかに日本のODA事業は、現地では一定の役割を果たし、地元の人からも感謝されていた。タンザニアで井戸掘りプロジェクトが終了し、完工式が行われたとき、現地の小学校に通う女の子から「これで隣村に住む友達にも、きれいな水を届けることができます。日本のみなさん、ありがとう」と声をかけられて、それまでの苦労が一瞬で吹き飛んだ。そのときのことは、いまもはっきり覚えている。

その一方で、ここよりもっと困っていて、早急に援助の手を差し伸べなければならない地域がほかにあるのに、そこに対しては何もできなかったという忸怩《じくじ》たる思いもあった。では、どうしてそういう、いままさにODAが必要な地域が手つかずなのかといえば、そこでODAを実施しても、日本にとってわりに合わないからとしか言いようがない。

三菱商事の事務所のあるダルエスサラームは、タンザニアでは治安のいい地域だが、それでも僕が駐在中に、同じ地域にある米国大使館がテロの被害に遭い、その爆風で三菱商事の事務所の窓ガラスが割れるということがあった。これは米国のレバノン侵攻に対するイスラム側の報復だったといわれているが、もし、そこで日常的にテロや紛争が起こるようなことになれば、三菱商事はたとえODA事業が途中であっても、すぐに撤退を表明しただろう。

つまり、ODAというのは、その国やそこに住む人たちのことを最優先に考えて、命懸けで行われているものではないのだ。もっとはっきり言うなら、政治や外交の道具なのである。だから、常に日本の国益や日本人の安全が優先され、そのうえで支援地域が決められる。

井戸掘りのようなきれいな水へのアクセスやインフラ整備ももちろん大事だが、本気で途上国を救済しようと思うなら、やらなければならないのは教育だ。

タンザニアの人たちは、つき合ってみるとみな穏やかな性格をしている。ただ、日本人に比べると明らかに野心や向上心が足りない。

ODA事業にかかわっている日本人とタンザニアの将来について話をすると、「この国はダメだ」と、否定的なことを言う人がほとんどだった。正直、僕自身も、タンザニアが将来発展するかと聞かれれば、そういうイメージはまるでもてなかった。

けれども、それがすべてタンザニア人の責任かといえば、決してそうではないはずだ。先進国は道路や井戸をつくって与えることが支援だと思っている。もちろん、それらがタンザニア人の生活を豊かにするのは間違いない。しかし、それればかりでは、タンザニア人は先進国から支援されることに慣れてしまって、自分たちの手で国をなんとかしようという気持ちがスポイルされてしまう。

最終的には、他国からの援助がなくても生きていけるような自立を促すのが本当の支援だと僕は思う。そのために必要なのは、人材を育てる教育だ。

しかし、残念ながら日本政府も三菱商事も、タンザニアに対しそこまで踏み込んだことをしようとは、まったく考えていなかった。

最初は、骨を埋めてもいいくらいの気持ちでアフリカにやってきたのだが、いくらODAで頑張ってもできることはあまりに少ない。その現実がわかるにつれ、僕の気持ちは日に日に萎えていった。そして一年半の駐在が終わるころには、帰国したら退社しようという決意を固めていた。

地平線に沈む真っ赤な太陽

こう書いていると、タンザニアではつらいことばかりだったように伝わるかもしれない。だが、けっしてそうではなく、楽しいことも多々あった。

僕が駐在してから数カ月後、ジェトロ・タンザニア所長の松村亮さんが赴任してきた。年齢が近いこともあって、すぐに仲良くなった。週末には必ずテニス、ゴルフ、カラオケ、日本食をご一緒させていただいた。ゴルフといっても、フェアウェイの芝などどこにもなく、芝の代わりにラフのような草が広がり、コースのなかには孔雀などの鳥や動物がたくさんいた。グリーンとは名ばかりの砂地で、四〇度近い気温のなか、プレーをしたこともある。

休日には旅行にも出かけた。ライオンや象などの野生動物のいるサファリなどは格別だった。

サファリの光景は一言では言い表せない。ときには一〇〇万頭のヌーの大移動を間近で見ることもできるという。僕が実際に見たのは、乗っている車の一〇〇メートルほど先を横切るチーターたち、想像以上に体が大きく迫力のあるライオン、ゆっくり堂々と歩く巨大な象の群れなど。

なんといっても、大きく真っ赤な夕日が地平線に沈んでいく光景は感動的で、これを見るだけでもタンザニアに来た価値があったと感じるほどだった。サファリでは、生きていることを実感した。小さいことなどどうでもよく思えるようになった。

タンザニアの人たちは、キテンゲと呼ばれるプリント布を腰に巻いたり、ワンピースとして身にまとっていることが多かった。自然の風景をデザインしたものが多く、色鮮やかな服をよく見たが、それらがとても似合っていた。女性たちは鮮やかな服を着て、水の入ったバケツを頭にのせてゆっくりと運んでいた。

僕は井戸を掘るODA事業の二期目が終了すると、ほどなく帰国の途についた。希望すればもう少し長くいられたかもしれないが、ODAという仕組みに限界を感じ、これ以上タンザニアにとどまるモチベーションは残っていなかった。

帰国を選んだ理由はほかにもあった。

事務所にいる日本人は上司と僕の二人だけ。現地には日本の大使館や同地に事務所を構える企業に勤める人たちと、その家族からなる日本人会があったが、顔を合わせて会話する人は限られてしまう。そういう環境にずっといると、発想や考え方がどんどん狭まっていくのが自分でもわかるのだ。

その一方、日本ではＩＴブームが起こり、二〇代の若者が続々と起業をしているという噂が、断片的に耳に入ってくる。すると、自分だけが辺境の地で取り残されているような気がして、焦りの気持ちが日に日に膨らみ、だんだんと目の前の仕事に集中できなくなっていったのである。

三菱商事に辞表を出す

帰国すると、僕はすぐに会社に辞表を出した。

もちろん商社だからＯＤＡ以外にも仕事はたくさんある。国際貢献に対する情熱を失ったわけでもない。けれども、このままここで働き続けるのは、何かが違う気がしたのだ。

僕は総合商社に入ってＯＤＡ事業に参加しさえすれば、思う存分そこで力を発揮し、自分の理想とする働き方ができると単純に考えていた。しかし、その考えは現実の前にあっけなく崩れ去った。それは自分にとって価値観の崩壊といってもよく、その状態のまま、会社で別の仕事をしている自分を想像することはできなかった。

いったんすべてを手放し、何もないところから価値観を再構築する以外ない。そう思ったのである。

周囲は大反対した。とくに父は、せっかく定年まで安心して働けるところに就職したというのに、たった三年で辞めるとは辛抱が足りないと激怒し、考え直せと激しく迫ってきたが、僕の気持ちは揺るがなかった。

それだけ強い決意があったというより、タンザニアで、日本人とは桁違いの命にかかわるリスクをとって生きている人たちを目にしてきたので、日本にいて安定した会社を辞める程度のことがリスクだとは思えなくなっていたのである。

ただし、就職先に三菱商事を選んだことに後悔はない。それどころか、希望を聞き入れ、タンザニアのＯＤＡ事業に送り込んでくれたおかげで、自分の偏狭な思い込みや、ビジネスパーソンとしての力のなさに気づくことができたのだから、感謝してもしきれないといっていい。

そんな会社に対し、僕は恩返しもろくにせぬまま辞めてしまった。その点だけが心残りだ。自分にもっと力をつけ、三菱商事に負けないくらい地球貢献に尽力することが本当の恩返しだと思っている。

4　起業――ITブームに乗る

ビジネススクールで学び直す

三菱商事を退職した翌月から、慶應義塾大学大学院経営管理研究科修士課程（慶應義塾大学ビジネス・スクール〈KBS〉）に通い始めた。

タンザニアの駐在で自分のビジネスパーソンとしての能力不足を痛感し、同時に、どんな仕事をするにせよマネジメントや経営のスキルが必須であることに気づかされ、一度腰を据えてそれらを体系的に身につけようと思ったのである。

どうせビジネススクールに通うなら、海外の名の知れたところのほうが、箔がついて有利だとアドバイスしてくれる人もいたが、僕は最初から、勉強するなら国内でと決めていた。

まず費用が違う。国内の学校（慶應義塾大学ビジネス・スクールの場合）であれば学費は年間約二〇〇万円だから、二年間通っても約四〇〇万円ですむ。ところが海外だと、学費に加えて生活費や渡航費なども必要だ。それらを合わせると約二〇〇〇万円。同じ二年間でも五倍の出費を覚悟しなければならない。

また、外国のビジネススクールの授業はすべて英語で行われる。学生時代に留学経験があり、商社でも一年半、海外勤務だったこともあって、日常会話や簡単なビジネス英語程度ならなんとかなるとは思っていたが、専門性の高い授業を完璧に理解するには十分とは言い難い。それより、国内のビジネススクールに行き、英語にかける時間をそのまま起業準備にあてれば、実践と理論の両方から経営について学べる。

それに、僕はあくまで実践的な知識を身につけ、自分で事業を起こして、再び世界で勝負するつもりでいたから、箔などどうでもよかった。

慶應義塾大学ビジネス・スクールは、日本初のビジネススクールで実績があるということと、インターネット関連に強いクラスがあることが最終的には決め手になった。

僕はビジネススクールに通いながら起業して、ネットビジネスを始める計画を秘かに立てていたが、ずっとアフリカにいたせいで、ITやインターネットに関する知識や情報もなければ、それをビジネスにしていく方法もよくわかっていない。そこで、そういうこともビジネススクールで学んでしまおうと一石二鳥を目論んでいたのだ。

実際、ＫＢＳでは國領二郎氏など、当時ＩＴの第一線で活躍している人たちの授業を受けることができた。そんなビジネススクールは国内では、ＫＢＳのほかにどこにもなかったのである。

授業が始まってみると、その実践的な内容にまず驚いた。中心は現実にある企業のビジネスモデルを分析するケーススタディー。しかも、それを個人ではなく、学生同士で議論し、答えを出すというグループワークで行うのだ。

このグループワークの多さに最初は面食らったが、みんなでディスカッションするなかから、新しい発想やアイデアが生まれることを何度も経験していくうちに、その重要性が徐々にわかってきた。ピース・トゥ・ピースの経営でもグループディスカッションを大事にしているのは、このときの経験がもとになっている。

コミュニティをつくる

ＫＢＳの同じクラスには、下は新入社員から上は四〇代後半まで幅広い年齢層の人たちが集まっており、総じてみな優秀で魅力的な人たちだった。

彼らと話をしてみると、学んだことを昇進や転職に活かそうと考えている人がほとんどで、起業を目指す同好の士があまり見当たらないのは少し残念だったが、それでも、たくさんの仲間と出会えたことは本当によかった。

仕事が窮地に陥ったとき、僕は何度も仲間に救われた。現在、僕がピース・トゥ・ピースで、地球貢献という目的のために働くことができるのも、キャリアの節目節目で、誰かが手を差し伸べてくれたからにほかならない。

こうした人間関係は一般には人脈と呼ばれるが、僕はあえてコミュニティと呼んでいる。僕が考えるコミュニティの意味を述べておこう。

①いちばん濃いコミュニティ

僕にとって仲間とは、お互いに協力できる関係であり、なおかつ切磋琢磨し合えて刺激を受けながらともに成長できる友人であり、ときにはライバルでもある。

お互いの成長のスピードが違いすぎると仲間としては成り立ちにくくなるので、双方頑張らなければならない。また、仕事や勉強の場だけのつき合いからは仲間は生まれにくい気がする。一緒に飲んだり、旅行したり、喧嘩したりといったことが仲間には不可欠だ。

②サポートしてくれる人たちのコミュニティ

もう一つのコミュニティは、互いに高め合うというのではなく、「サポートしてくれる人たち」を指す（互いに高め合う人と重なることもある）。

身近な応援者という形だ。この人たちは、かかわることで、「なんとなく心地よい」ことが多い。「一つの企業だけでは満足できない」「何か社会貢献をしたい」「新しいプロジェクトにかかわっていたい」「刺激がほしい」「さびしい」などの理由で、金銭目的でなくかかわっていたいという人は意外に多いものだ。

③なんとなくつながっているコミュニティ

最後に、いちばんゆるいコミュニティがある。数回一緒に仕事をしただけ、もしくは勉強しただけ、飲んだだけの関係だが、なんとなくつながっている。一度つながったことで、また次に仕事などでつながる可能性もある。これも一つのコミュニティといえるだろう。

このように、僕は、ある目的をもって集まり、ともに一定期間以上過ごしたグループ、もしくは同じ時期に同じ苦労や経験を味わったグループをコミュニティと呼んでいる。

①のいちばん濃いコミュニティの仲間が自分の考え方や成長に強い影響を与えるのは間違いないが、じつはそういう仲間は②や③にもたくさんいる。

いま思えばグループワークで鍛えられたKBSは、生涯を通しての仲間づくりという点でも、最高の場だった。とくに、国費で韓国からKBSに留学していた朴焌成君との出会いは、その後の僕の人生に大きな影響を与えた。

朴君は韓国語のほか、英語、日本語を自由に操っていたが、来日中「これからは中国のマーケットが重要になる」と断言して語学学校にも通い、第三外国語である中国語を学んでいた。彼は、のちに僕がドリームインキュベータ（DI）に勤務したとき、DI初の海外投資、中国進出のきっかけづくりに協力してくれた人物だ。朴君がいなかったらDIの中国進出はなかったか、大幅に遅れていただろう。このことは後述する。

三人の仲間で会社を立ち上げた

一九九〇年代後半の日本は、米国で生まれたインターネットが急激に普及し始め、目端の利く若者が続々とインターネット業界に参入し、ちょっとした起業ブームに湧いていた。

この波に乗り遅れてはいけない。

三菱商事で三年間を過ごし、すでに二七歳になっていた僕は焦りを感じないわけにはいかなかった。そこで、まずは自分と同じように起業を目指している人間を集めようと、友人、知人に声をかけまくったところ、すぐに一〇人近くが集まった。みな同年代で、会社勤めをしながら、時代の風に野心が頭をもたげ、起業のチャンスを虎視《こし》眈々《たんたん》と狙っていた。

そこで、定期的に集まってアイデア会議を開くことにした。当時のインターネット業界では、気の利いたアイデアさえあれば、わりと簡単にまとまった投資資金を集めることができたのだ。

会議のたびに、さまざまな案でホワイトボードがあっという間に埋まっていく。もっともブレーンストーミングなので、実現性のないものも数多く含まれていたが、そんなことを気にしてはいられない。コネも実績も大きな資本もない僕らは、アイデアで勝負するしかない。

しばらくすると、石ころの山のなかから、これはいけるのではないかと思われる、ダイヤモンドの原石のようなアイデアがついに見つかった。

証券会社の比較サイトだ。

一九九六年から始まった金融ビッグバンによって、それまで一律だった株式売買委託手数料を、各証券会社が自由に決められるようになった。さらに一九九八年に証券取引法が改正され、インターネット証券会社の新規参入が認められるようになると、たちまち新会社の乱立状態となった。

投資家にとっては、競争の激化によって手数料が下がるのは歓迎すべきことだったが、その反面、どの証券会社を利用すれば有利なのかが非常にわかりにくくなってしまった。証券会社ごとに扱っている金融商品やサービスの内容が異なるというのも、投資家の混乱に拍車をかけていた。

僕自身も株式の運用をしていたので、各社の違いや特徴が簡単にわかる証券会社の比較サイトは、まさに時代のニーズに合っていると、肌で実感することができた。

これならいける。これをビジネスにしよう。

僕の呼びかけに、当時セガを退職したばかりの水野基義と、日本長期信用銀行（現新生銀行）に勤務していた久保田誉が手を挙げた。水野も久保田も僕同様、敷かれたレールの上を安全運転で進むより、道なき道を自力で切り拓く生き方のほうが力が出るタイプの人間だった。

一九九九年九月、三人で株式会社トランスワークスを立ち上げた。

一人三〇〇万円強の出資で資本金は一〇〇〇万円。社長は僕が引き受けた。二人よりも年上で、なおかつ三人のなかではいちばん社長に向いているのではないかというのがその理由だ。

「トレーダーズ・ネット」と名づけた証券比較サイトは、直接競合するサイトがなかったこともあって、またたく間にアクセス数が増えていった。

開始数カ月で、ホームページへのヒット数が国内金融・投資関連サイトのトップテンにランクインした。さらに、知り合いの証券マンやトレーダーに、株式の推奨銘柄や資産運用などに関する記事を書いてもらい、それを「トレーダーズ・アイ」というタイトルのメールマガジンにして発行したところ、そちらも話題となり、すぐに読者数が一万人を突破した。

打つ手打つ手が端から決まっていくのでおもしろくてたまらない。このままいけば僕も遠からず、音楽、航空、携帯電話、F1など、さまざまな分野で事業を立ち上げ、次々と成功させていった英国ヴァージン・グループの創設者リチャード・ブランソンのような実業家になれるのではないか。

そんな途方もないことを本気で考えてしまうくらい、トランスワークスのスタートアップは順調だった。

KBSに通いながらの社長業だったので、毎朝四時に起きて授業の準備をし、午前九時から午後四時まで授業に出席。その後、学生同士で行われるグループディスカッションの途中で抜け出して会社に走り、終電まで仕事をするという毎日は、かなりのハードワークだったが、つらくはなかった。

やるべきではないビジネス

しかし、現実は甘くなかった。トレーダーズ・ネットもトレーダーズ・アイも好調続きで、毎日目が回るくらい忙しいのに、気がつくと会社の資金が底を突きかけていたのである。

原因はすぐに判明した。期待していた広告収入がほとんどなかったのだ。サイトの人気が出れば、苦労しなくても広告がどんどん入る。そんなビジネスモデルを思い描いていたので、僕らはどうしたらアクセス数を増やすことができるかしか、最初から頭になかった。

僕は、いまでもこのビジネスモデル自体は間違いではなかったと思っている。ただ、大事なことを見落としていた。そのころはインターネットの認知や理解が現在ほど進んでおらず、企業がウェブを広告媒体としてそれほど評価していなかったのである。だから、本当ならもっと営業に力を入れなければならなかったのに、それが全然できていなかったのだ。

もっとも、それに気づいていたところで、三人ではサイトの運営やメンテナンスで手いっぱいで、企業を回って広告をとってくるだけの余裕などなかったから、やはり結果は同じことだっただろう。

つまり、事業プランとしては成立していても、それを実現させられるだけの体制が整っていなかったのだ。もっと端的に言えば、僕たちはやるべきではないビジネスを始めてしまったのである。しかし、それはいまだから言えることであって、起業初体験の僕たちに、冷静に状況を分析できるだけの余裕などなかった。

このまま手を打たなければ、一年ともたずトランスワークスは倒産する。それは誰の目にも明らかだった。

水野も久保田も前の会社に辞表を出し、背水の陣でこの事業に取り組んでいたので、失敗したら帰る場所はない。僕にしても、三菱商事を飛び出している手前、「会社を辞めるな」とアドバイスをくれた同期や先輩にみっともない姿を見せたくないというプライドがある。こんなところで白旗をあげるわけにはいかないと、三人で毎日深夜まで対策を話し合い、二つの可能性に懸けることにした。

一つは、トレーダーズ・ネットの収益プランで、比較サイト関連の新たな事業プランをつくって出資を募る。もう一つは、トレーダーズ・ネットを相応の金額で売却する。両方トライしてみて、様子を見ながらうまくいきそうなほうに懸けようという二段構えの戦略だ。

まずは出資を集められるかどうか市場の反応を見ようと、急いで新たな事業プランをつくり、それをもってベンチャーキャピタルを何社か回ると、いくつかの会社から投資してもいいという反応があった。

証券会社だけでなく、さまざまなショップの比較ができ、さらに当時まだ珍しかったチャット機能を取り入れ、ショップとお客様がリアルタイムでコミュニケーション可能な「ショッピング・ポータルサイト」を加えた新しい事業プランは、それなりにインパクトがあったのだと思う。

いまなら、まだ結果も出ていない事業プランにお金を出すような悠長なファンドはそうはないだろうが、そのころは世の中がネットバブルの真っ最中で、企画書にITやインターネットという文字があれば、それだけで喜んで出資したいというところがけっこうあったのである。

それに、僕ら三人の前職が、セガ、長銀、三菱商事といわゆる日本の一流企業だったこともプラスに作用した。このメンバーなら何かやってくれるだろうという期待を、相手が勝手にもってくれたのだ。最終的に六〇〇〇万円の出資が集まった。

一方で、僕たちはトレーダーズ・ネットの売却についても動いていた。

金融・投資関連のサイトをくまなく調べていくと、米国のゴメス社が、インターネット上でトレーダーズ・ネットと同じようなサイトを運営していることがわかった。だが、コンタクトをとろうにも手掛かりがない。

そこで、とりあえず次のような内容の英文メールを送ってみることにした。

「貴社のサイトを拝見し、非常に魅力的だと思いました。当社も日本でトレーダーズ・ネットというサイトの運営、管理を行っているので、機会があればのぞいてみてください。内容も近いので、いつか一緒に事業ができたら幸いです」

しかし、待てど暮らせどゴメス社からは何の返事もない。

よく考えたら、社交辞令のようなメールでは相手も関心をもたないだろう。そこで、サイトへのアクセス数、スタッフの紹介、日本市場のポテンシャルなどを列挙し、トレーダーズ・ネットがいかに可能性にあふれたサイトかをアピールする内容のメールをもう一度送った。

それでも反応がなかった。そこでこちらも意地になって、雑誌に紹介された記事や、他のポータルサイトとの比較、トレーダーズ・アイのコピーと英訳などを短い間隔で次々と送りつけた。

すると、最初のアプローチから数カ月経って、ようやく返事がきた。

We would like to see you when we visit Tokyo next month.（来月東京に行くので、そのときに会いたい）というフレーズがすぐに目に飛び込んできた。しかも、来日メンバーの一人は役員だとも書いてある。

これは千載一遇のチャンスだ。絶対にものにするぞ。

売却のプレゼンテーション

僕たちはすぐさまプレゼンテーションの準備に取りかかった。

まさに一発勝負、それも限られた時間で相手をその気にさせなければならない。そこで、アピールポイントを以下の四つに絞った。

①人気サイトであることを、数字を使って客観的に説明する。

②トレーダーズ・ネットは独自性が高く、直接競合するサイトがないことを、他の金融・投資サイトを挙げて証明する。

③顧客となっている日本の証券会社の紹介。

④ネット環境の整備とネット証券の拡大により、今後ますます個人投資家の増加が

見込まれる日本の証券市場の展望。

さらに、プレゼンテーションは日本語だけでなく、英語でもできるようにした。また、キャッシュが不足していて、すぐにでも売却したいというこちらの本音が伝わると足下を見られてしまいかねない。そこで、自分たちはあくまで業務提携が希望であり、売却希望金額などの話はしない姿勢で臨むことを、三人で確認した。


ゴメス社とのミーティングが行われたのは二〇〇〇年二月。最初に僕がメールを送ってから三カ月近く経とうとしていた。

場所は都内某所のカフェの個室。こちら側は私とトレーダーズ・ネットの担当者である久保田、先方は役員とマネジャーの二人が出席した。マネジャーは日本人で、米コロンビア大学でＭＢＡを取得したのちゴメス社に入社したのだという。その経歴を聞けば優秀なのは間違いないのだが、それを鼻にかけるようなところはまったくなく、口調も態度も非常に穏やかだった。

役員は、ビジネスライクそのものというタイプで、プレゼンテーションが始まると、こちらが説明する数字に関してしつこく質問をしてきた。だが、こちらもしっかり準備をしていたので、途中で言葉に詰まることはなかった。

英語と日本語を交えた話し合いは、思った以上にスムーズに進み、僕は途中からかなり手ごたえを感じていた。しかし、そんなことはおくびにも出さない。

そして、開始から二時間近く経ち、こちらからの説明と質疑応答に一段落ついたころ、ゴメス社側から突然こんな提案がなされた。

「提携ではなく、トレーダーズ・ネットのサイト一式を買いたいので、条件を教えてほしい」

もちろんこちらとしては願ったり叶ったりである。だが、僕は必死で歯を食いしばり、「こちらでは業務提携しか考えていなかった。この事業にはベンチャーキャピタルからの投資の話ももらっており、検討するので時間をいただきたい」と、その場で結論を出すことはしなかった。

じつは、こちらの頭には一〇〇〇万～三〇〇〇万円の間という買収金額まであったのである。とにかくキャッシュがほしかったので、最終的には一〇〇〇万円でもいいと思っていた。

だが、当日の目的は、あくまで相手にトレーダーズ・ネットを買収したいと思わせること。急《せ》いては事をし損じる。

後日、ゴメス社から二〇〇〇万円という買収金額の提示があった。さらに、「担当者の久保田氏もゴメス社に迎え入れたい」という。

金額は当面の資金繰りには申し分ない。久保田も経営基盤のしっかりしたところでいまの仕事が続けられるならと大乗り気だ。しかし、僕はトレーダーズ・ネット、トレーダーズ・アイの事業価値から、またゴメス社側の態度から、もっと好条件が引き出せると判断し、返事を保留してゴメス社の次の出方を待つことにした。

久保田にしてみれば、そんなことをして万が一交渉が決裂でもすれば、キャッシュも入ってこないし、せっかくの再就職の機会も失われてしまうから、一刻も早く売却話をまとめたくて仕方がない。

僕と久保田の間で、一時不穏な空気が流れるという事態が起こったが、最後は社長としての僕の意見を優先し、一カ月にわたる交渉で、買収金額を三五〇〇万円にまで引き上げることに成功したのである。

新事業を始めるか、それとも撤退か

こうして、キャッシュがショートするという当面の危機を乗り切る目処がついたところで、ベンチャーキャピタルの出資を受けるか、それともトレーダーズ・ネットを売却するかのどちらかを選ぶことになった。

ベンチャーキャピタルに提出した事業プランは、トレーダーズ・ネットがベースになっている。トレーダーズ・ネットをゴメス社に売却してしまえば、事業プランは成り立たなくなるので、出資の話も自動的に消滅してしまう。

六〇〇〇万円と三五〇〇万円だから、金額だけを比べたら、ベンチャーキャピタルから出資を受けて新たな事業を立ち上げたほうがよさそうなものだが、僕はトレーダーズ・ネットを売却すると決めた。

当時、インターネットやＩＴというのはまだ未知の分野であり、そこで何ができて、どれほどの価値を生む可能性があるか、ほとんどの人は理解していなかった。ただ、スピードが速く、数人で始めた会社でも一つ当てればわずか数年で株式公開（ＩＰＯ）し、巨額のお金を集めることができたため、ベンチャーキャピタルにとってみれば、未上場のＩＴ企業は格好の投資対象だったのだ。

そういうわけだから、もし僕たちが出資を受ければ、ＩＰＯが仕事の目的にならざるを得ない。だが、僕はこの先何年も、ＩＰＯのために働こうという気持ちにはどうしてもなれなかった。

僕の祖父母は、愛知県の田舎で大判焼きとタコ焼き、みたらしだんご、かき氷などを売る店を自分たちで経営し、三六五日必死で働いていた。あんこや柏餅などすべて手づくりで、店は小さいがいつ訪れても地元の人たちでいっぱい。とりわけタコ焼きが大評判だった。

もちろん、タコ焼きやかき氷がどんなに売れたところで、ＩＴ企業の売上げに比べたら高が知れている。しかし、ここで支払われるお金には、「美味しかった、また頼むよ」というお客様の気持ちが込められている。

たとえインターネットであっても、僕はお客様とそういう関係を築けるビジネスをしたい。そのほうがＩＰＯよりもよっぽど大事だ。短い期間ながらトレーダーズ・ネットの運営をやってみて、僕はこのことに気づいたのである。

結局、ベンチャーキャピタルの出資は断り、トレーダーズ・ネットをゴメス社に売却することにした。一九九九年九月、これはいけると自信満々で始めた事業は、翌年三月、半年も経たず自分たちの手を離れていったのだった。

それにしてもなぜゴメス社は、トレーダーズ・ネットに三五〇〇万円もの金額をつけたのだろう。たぶん、彼らは時間を買ったのだ。

すでに米国で実績を上げていたゴメス社は、日本市場への進出を模索していた。そこに、その日本市場で自分たちと同じような事業をやっている会社からアプローチがきた。収益は出ていないようだったが、すでに日本国内では認知され、ヒット数も十分ある。ゴメス社にしてみれば、一から立ち上げるよりもそこを買収したほうが手間がかからないと判断したのだ。

収益も自社のノウハウを提供すれば、黒字化させるのはわけなく、三五〇〇万円くらいの投資はすぐに回収できると踏んだのだろう。

それにしても、それだけの経営判断をわずか数カ月でしてしまうのだから、さすがスピードを重視する米国のＩＴ企業だ。

いま振り返れば、彼らの判断はきわめて正しかったといえる。

彼らは、日本でトレーダーズ・ネットをさらに進化させ、のちにゴメス・コンサルティングを設立して上場を果たした。現在は、米国の親会社モーニングスターと合併し、これまでと同様の活動を日本で行っている。

5 新事業――成功するための三つの原則

会社を再スタートさせる

トレーダーズ・ネットを売却して、とりあえずキャッシュの心配はなくなった。さて、次は何をやろう。

じつは、トランスワークスでは、トレーダーズ・ネットのほかにも、「馬油屋ドットコム」と「パンダリーフ」という二つの事業を行っていた。

馬油屋ドットコムは水野の友人から持ち込まれた企画で、火傷や肌荒れなどに効果があるといわれ、化粧品やシャンプーなどにも使われている馬油をインターネット販売するというものだ。

パンダリーフは、高級中国茶葉のオンライン通販。これは僕が提案して始めた。なぜ中国茶なのか、少々説明が必要だろう。

三菱商事の中国室にいたころ、取引先の中国人が来日する際、お茶をお土産にもってくることがよくあった。

その中国茶がいつも抜群に美味しいのだ。健康にもいいというので、一時期はコーヒー代わりに中国茶ばかりを飲んでいた。それで、これを日本でもっと広められないものかと、ためしに仕入れ原価を調べてみると、想像したより安い。だったら自分たちで仕入れてインターネットで売ってみようと思ったのである。

この二つの事業のうち、馬油屋ドットコムのほうは赤字続きだったこともあって、すぐに撤退を決めた。

パンダリーフも利益は出ていなかったが、こちらのほうはもともと僕の嗜好が強く反映している商品で、思い入れも強い。それに、調べれば調べるほど、これから僕がやろうとしているビジネスに、中国茶はぴったりの商材である気がしてならなかった。

僕は、次に行うビジネスは、証券会社の比較サイトのように収益源が見えにくいものではなく、実際にモノが動くｅコマースでいこうと考えていた。

しかし、扱う商品が利益を生んでくれなければ仕方がない。その点、中国茶は一般的な認知度からいえば、まだ普及していない商品カテゴリーといえるので標準的な価格が形成されておらず、仕入れる茶葉次第では高額で売ることも可能だ。結果、利益率も高くなる。

それに、爆発的ヒットは期待できなくても、一度気に入ってもらえれば繰り返し注文が入る可能性がある。つまり、長期にわたって安定した収益源になりやすいという判断だ。重量が軽く、送料の負担が少なくてすむのも魅力だった。

また、ネットなら商品と価格だけでなく、効能、淹《い》れ方や飲み方、産地など、お客様の知りたいあれこれを詳しく書き込むことができる。中国茶というのはその手の情報が如実に売れ行きを左右するので、そういう意味でもインターネットと相性がよさそうだった。さらに、将来的には中国茶葉の卸事業や実店舗（カフェ）、中国茶教室などさまざまな事業展開ができる可能性もあった。


「パンダリーフ一本でいきたいと思っている」

久保田がトレーダーズ・ネットと一緒にゴメス社に移り、トランスワークスの三人の創業者は二人になっていた。果たして賛成してくれるだろうか。僕は恐る恐る自分の考えを水野に伝えると、「それでいいんじゃないか」とあっさり賛成してくれた。

こうして新生トランスワークスは、中国茶のインターネット販売事業会社としてスタートすることになったのである。

今度は、絶対に失敗しない

トレーダーズ・ネットを始めたときは起業自体が目的となっていて、ノリと勢いのまま突き進めばなんとなくうまくいくのではないかという程度の自覚しかなかった。これではたちまち資金ショートに陥るのも無理はない。その反省を踏まえ、今度は絶対に失敗せず、長く継続できるビジネスをすると心に決めた。

僕たちはパンダリーフの事業を見直し、以下の三点に力を入れることにした。

一つ目は、競合に負けない質の高い商品を扱う。

いいものなら黙っていても売れるというわけではないが、かといってどんなに巧妙な仕掛けをつくったところで、肝心の商品が粗悪だったり、値段に見合うクオリティが備わっていなかったりでは、お客様は一度は購入しても、二度と買おうとは思わないだろう。安定したビジネスには、一定数のリピーターやファンが不可欠なのはいうまでもない。それには商品のクオリティの確保が、最低限の条件だ。

二つ目は、お客様を大切にする。

トレーダーズ・ネットのときは、顧客をアクセス数の数字としか見ていなかったが、それでは実体のある商品は売れっこない。今回は、一人ひとりのお客様の気持ちになって、どうしたらパンダリーフでお茶を買ってよかったと思ってもらえるかを、常に頭に思い描きながらビジネスを行う。

三つ目は、顔の見えるサイトづくり。

対面販売と違い、ネットショップは売り手が目の前にいるわけではないので、どこか温かみに欠け、ちょっとしたことで不信感も生まれやすいという欠点がある。そこで、どんな人間がどういう想いで事業に携わっているのかが伝わるよう、サイトに工夫を施す。

この三つの原則を水野と共有すると、続いて具体的な活動に入った。

まず、商品のクオリティに責任をもつためには、それを扱う自分たちが目利きにならなければならない。そう考えて、中国茶についての勉強を一から始めた。

大型書店に行って関連書籍を端から購入し、知識を本から詰め込む。中国茶に関係ありそうなセミナーや勉強会があれば、積極的に参加して情報を集める。仕入れに関しては、国内だけでなく中国や台湾にも実際に足を運び、自分たちで商品を吟味して買い付けることを徹底する。

さらに、自分たちの舌でも味を確認できるようにしようと、専門店や、中国茶を出す喫茶店巡りにも精を出した。

お客様を大切にするために実行したのが、問い合わせメールへの、丁寧かつ素早い対応だ。他の人気サイトの掲示板を見ると、返信が早いことで好感をもったというお客様の声がかなりあったので、自分たちも取り入れることにしたのである。

「どうせやるなら、中途半端なことはしない」と決め、たとえお客様からのメールの着信が深夜で、いろいろ調べなければならないような質問であっても翌日回しにはせず、必ず一時間以内に返事を出すようにした。一刻を争うような内容でなければ翌日でも、お客様にとっては同じことかもしれないが、やはりすぐに回答が届いたほうが、その分こちらの熱意がより強く伝わるのは間違いない。

顔の見えるサイトにするというのは、意外と難しかった。

サイトづくりは水野の担当で、彼はウェブの知識は豊富で技術もあったが、デザインに対するこだわりが強く、自分の趣味を優先しがちなところがあった。パンダリーフのサイトも画期的な出来栄えだったが、どう見ても僕がイメージしているものとは違う。そこで、彼と何度も話し合い、他のサイトも参考にしながら、多少泥臭くなっても、自分たちはどういう人間で、毎日どんなことを考えながら仕事をしているのかがお客様にひと目でわかるものにつくりかえてもらった。

その過程で、パンダリーフのサイトのキャッチコピーも生まれた。

「中国茶で感動しませんか？　Pand @ Leaf（パンダリーフ）」

僕はこのコピーがひらめいたとき、パンダリーフは絶対に成功すると確信した。

できるだけ小さく、できるところは自分でやる

ようやく地に足の着いたビジネスができる。

パンダリーフには、トレーダーズ・ネットのときにはなかった手ごたえを感じていた。しかし、トレーダーズ・ネットのような話題にはならず、売上げも伸びない。自宅と倉庫を兼ねた事務所で、茶葉を五〇グラムずつ計ってパッケージ詰めをしながら、いまは辛抱のときだと自分に言い聞かせる毎日が続いた。

事業売却金三五〇〇万円が入ったとはいえ、新しい事業立上げのときは、「できるだけ小さく、できるところは自分でやる」のが基本だ。

そこで自宅を事務所にすることにした。築一五年の２ＬＤＫの一つの部屋を茶葉の倉庫、一つの部屋を僕が寝泊まりする用、リビングは仕事場という具合である。

最初の数カ月間は数十種類の茶葉の小分けも行った。

茶葉は、五〇〇グラムか一キログラムが真空パックに入った形で事務所に届く。茶

葉は当初数十種類、最終的にはランク（一級、二級など）も含めれば二〇〇種類以上となった。一つの真空パックが終わると、次の真空パックを開け、それを電子計量器で五〇グラム、あるいは一〇〇グラムずつに小分けしていく。それを銀色の袋に入れて、圧着する機器でとめていく。

立上げ当初は手書きで茶葉名とグラム数を記入していたが、最後にはデザインしたカラーのロゴつきシールを発注するまでになった。デザイナーに依頼して動物のパンダをキャラクター化してもらい、Pand@Leafのロゴとともにシールにして大量製造したのである。

注文が毎日入るようになると、人を雇う自信がつき、アルバイトに茶葉詰めや茶葉の発送作業をしてもらうようになった。

茶葉詰め作業は思いのほか大変で、人手が足りなくなると中学時代の同級生や、母親やその友達まで呼んで、手伝ってもらっていた。それでも足りなくなったので、最後は倉庫管理と配送をしてくれる業者に委託するようになったのだ。

こうした作業のなかで僕がとくに好きだったのは、お客様からのメールをいただいてコミュニケーションをとっているとき、お客様が喜ぶ企画を考えているとき、それから実際の茶葉が発送用に包装されて事務所に並んだときだった。

もともと企画を考えることは嫌いではないが、お客様が喜んでくれることを想像しながら、どうしたらお客様が楽しみながら購入し、満足していただけるかを考えることは格別の仕事だった。

一通の内容証明が届いた

今度は、絶対に失敗しない。

そう決意し、気を引き締めて取り組んだパンダリーフだったが、最初の二年間は鳴かず飛ばずの状態で、決算も赤字続きだった。

それでも自分がこれは美味しいと感じて仕入れたお茶が売れると、努力が報われた気がした。たとえ金額は小さくても、ふつふつと喜びの気持ちが湧きあがってくる。トレーダーズ・ネットのときには味わえなかった感覚だった。

それに、顧客数や売上げもわずかずつだが確実に増えていたから、自分がやっていることは間違ってはいないと信じて頑張ることができた。

そして三年目。ついに利益が出るようになった。楽天市場の中国茶ランキングでもベストスリーの常連となっていた。このまま三原則を守りながら堅実にやっていけば、必ず会社を大きくできるぞ。収入面で、三菱商事の同期たちと肩を並べられるのもももうすぐだ。

そう思っていた矢先に、ある事件が起こった。トランスワークス宛てに一通の内容証明が届いたのである。当社を訴えるという趣旨の文言が記されていた。

差出人は、中国人が経営する国内の中国茶葉代理店。僕たちがかつて仕入れをしていたところだ。

その代理店の茶葉は味もよく、パンダリーフの扱う商品のなかでも、常に一位、二位を争う人気銘柄だった。ただし卸値が高く、売れても利益があまり出ない。そこで、その茶葉を生産している中国の業者とコンタクトをとり、直接取引できないか尋ねてみると、なんとOKだと言う。それで、日本の代理店との契約を打ち切って、同じ茶葉を中国から仕入れるようにしたのだ。その事実が耳に入って、代理店は内容証明を送ってきたのだった。

こちらは中国側に、日本代理店との関係や実績などもすべて明らかにしたうえで、直接取引の許可を得たのである。文句を言うなら中国の業者に対してであって、トランスワークスではないだろう。

そう思ったが、相手はかなり怒っているようなので、水野とも話し合い、とりあえず誠意だけは示しておこうと、中国側と直接取引をするようになった経緯を文章にまとめ、誤解を招いて申し訳ないという謝罪の言葉を添えて返事をした。

ところが、先方は契約違反だ、営業妨害だ、訴えるぞと、まるで理解を示してくれない。トランスワークスはどうなってしまうのだろう。訴えられて、莫大な賠償金を支払うことになるのか。そんなことになれば、会社は続けられない。藁にもすがる思いで友人の弁護士に助けを求めた。

相手のクレームにはまるで根拠がなく、たとえ訴えられたところで何の心配もいらないというのが弁護士の見解だった。どうやら僕らは相手の勢いに気圧され、自分たちにも非があると勝手に思い込んでいただけらしい。ひとまず安心した僕らは、裁判を起こすなら受けて立ちますと、全面対決の姿勢で臨むことを相手に伝えた。

それでも先方からのクレームは一向に収まらなかった。

裁判こそ起こさないものの、連日のように手紙が届き、電話がかかってくる。ふいに事務所にやってきて怒鳴り散らす。彼らの主張はまったく理屈が通っておらず、単なる脅しや恫喝《どうかつ》にすぎなかった。

最初のうちは彼らの言いがかりに対し、理詰めで反論していたのだが、そのうち、彼らがインターネットの匿名掲示板に、僕と水野の実名をさらし、誹謗《ひぼう》中傷を書き込むなどという卑劣なことまでやり始めると、それもばかばかしくなって放っておくことにした。

嫌がらせは、僕らがパンダリーフ事業を続けている間は止むことなく続き、ついには、出店していた楽天市場にもクレームをつけるという嫌がらせにまで発展した。まったくそのしつこさたるや、いま思い出しても呆れはてるばかりだ。

大手のグラスメーカーから内容証明が届いたこともあった。パンダリーフでは茶葉のほかに、途中から茶器の販売も始めたのだが、そのうちの一つがそのメーカーの製品と酷似しているので、取扱いアイテムから外せというのである。

そう言われても、どこが似ているのかさっぱりわからない。このときも弁護士に意見を聞くと、大手による小さい会社いじめでしかないということだった。無視してもよかったのだが、あまり何度も内容証明がきてうるさくてたまらないので、弁護士を通して相手の会社に、「法廷で争いましょう」と内容証明を送ると、以後はいっさい連絡がこなくなった。やはり単なるいじめだったのだろう。

市場は想定していた以上に小さかった

売上げは、こうしたトラブルとはまったく関係なく順調だったが、五年目になると伸びが鈍くなった。リピート客は減っていないが、新規客の増加が頭打ちになり、何をやっても目立った効果が出ないという事態に陥ったのである。

いろいろ原因を探り、僕なりに出した結論はこうだ。

中国茶のネットでの市場は、僕が最初に思い描いていたよりも、ずっと小さかったというものだ。

となると、これからさらに売上げを拡大していくには実店舗販売しかないことになる。奇しくも当時は気軽にコーヒーが飲める店が、爆発的に広がりつつあった。同じことが中国茶でもできないはずがない。日本全国にパンダリーフの店舗が、スターバックスのように広がっていくことを想像すると心が躍った。

だが、そうなると、これまでとはまったく違うビジネスになる。動くお金の額や人の数を考えても、自分の人生を懸けた大勝負になるのは間違いない。

残念ながら、僕にはそこまでの覚悟はなかった。

ゼロから事業を始め、インターネットで年商数億円程度の会社にすることはできても、それ以上の規模の会社を経営したこともなければ、そのノウハウもない。そういう現実を一つひとつ検証していくと、いまは時期尚早だという結論を出さざるを得なかった。

それに、中国茶事業は、三菱商事で働き本気でＯＤＡに取り組みたいと思ったときのように、本当に自分が一生を懸けて成し遂げたい事業なのか。結果的に中国茶もお客様も大好きになったが、本腰を入れ始めたきっかけは、証券会社の比較サイト事業の経験を活かし、いかに失敗しない事業をつくり、そこから経営を学ぶかというものだった。

ここが潮時だ。僕は思いきってパンダリーフを売却することにした。

会社を売却しよう、そう思ってから最初に相談したのは、学生時代からの友人である山田君だった。

山田君と出会ったいきさつは、こうだ。就職活動中、数百人の学生が集まる大手メーカーの説明会の帰り道に、突然それまでなんの面識もなかったA君が声をかけてきた。そのA君に誘われて当時流行りのクラブに行ってみたところ、そこに遊びにきていたのがA君の友人である山田君だった。

トレーダーズ・ネットの立上げ時にも、山田君は協力してくれた。彼は当時大手証券会社でプライベート・エクイティを担当していたこともあり、僕の友人のなかで最も営業に長けているだけでなく、誰とでも仲良くなれるという特技を活かして錚々《そうそう》たる企業の経営者と懇意にしていたのだ。

僕がパンダリーフのいくつかの指標（リピート率、売上成長率、粗利益率など）を話すと、彼は「売却できると思う」と言う。では、どこに売却するか。業績好調なインターネット関連企業で、ｅコマースに興味がある会社はどこか。

「そういえばサイバーエージェントの藤田社長がｅコマースに興味あるって話してたけど、どう？」

　彼の言葉を信じ、まずサイバーエージェントに話をもちかけ、興味がなさそうであれば、他を探そうということになった。

サイバーエージェントに事業を売却する

　二〇〇四年当時、すでに東証マザーズ上場を果たしていたサイバーエージェントの藤田晋社長は、簡単に連絡できる相手ではなかったが、山田君を通してすぐにアポイントメントがとれた。当日は約束の一時間前、サイバーエージェントが入っている渋谷マークシティにある喫茶店で山田君と待ち合わせし、事前の打ち合わせを行った。どんな段取りで話を進めるかの最終確認だ。

　決めたのは、重要な指標を伝えること、悪いこともよいことも全部正直に話すこと、売却理由を明確に伝えることの三つ。

悪いことも話し、売却理由を明確にするのは、経営者はよい話ばかり聞かされると、「変なものをつかまされるのではないか」という心配が大きくなると思ったからだ。それに隠しごとがあることがあとでわかったら、紹介者の山田君にも迷惑をかけてしまう。ある会社から嫌がらせを受けていることも正直に話すことにした。

格好よくプレゼンするのではなく、とにかく誠意をもって真意を伝えよう。

幸い、藤田社長からは「興味はあります。売却希望額を教えてください。それからDD（デュー・ディリジェンス＝買収監査）に移りましょうか」と言っていただき、そのときは希望額であり、かつ妥当と思われる売却額として一億二〇〇〇万円を提示した。当時の経常利益や成長率などから企業価値の計算をし、仲介者の山田君にも相談しながら、また心情的にも自分が納得できる金額を決めていたのだ。

藤田社長も買収に慣れているようで、口に出して買収額を算出し、「まぁ、そんなとこですかね」と反応した。

そこから数カ月間、数回にわたって財務担当者と引き継ぎ担当者がオフィスに来て調査を終え、若干の交渉ののち一億一〇〇〇万円で売却できることとなった。契約書の準備では、前回のトレーダーズ・ネット売却時と同様、高校の同級生で弁護士をしている渡辺君のチェックを受け、多くのアドバイスをもらった。

契約書に捺印したときは、いよいよ育ててきたパンダリーフが手を離れてしまうという寂しさ、購入を続けてくれたお客様に対する申し訳なさが込み上げてきた。その一方で、これからは大きい会社がよりよい品質の茶葉とサービスをお客様に届けてくれるだろうという期待、一億円以上で売却できた純粋な喜び、起業が失敗に終わらずに一区切りできたこと、まったく休みなく営業してきた日々にようやく一息つけられるなど、複雑な気持ちが渦巻いた。

その後、お客様にメールで売却、事業継承の発表をしたときには、当時のライバル会社の社長や関係者、それから多くのお客様から励ましとお礼のメールをたくさんいただいた。そのときのメールの文面は僕にとって宝物だ。一部は一生忘れまいと、いまでも保存してある。

二〇〇四年八月、パンダリーフは晴れてサイバーエージェントのサイトとなって、再スタートを切った。

一〇月、オフィスラックもデスクも運び出され、空っぽになった事務所を見て、自然と涙が出た。お世話になったお客様、スタッフ、この場所への想いがあふれ、僕は「五年間、どうもお世話になりました。ありがとうございました」と口に出して深々と頭を下げた。いまもこの古いマンションの近くに住んでいるが、前を通るたびに当時のことを思い出してやはり涙が出そうになる。

大手メーカーの説明会でA君に声をかけられなければ、あるいは声をかけられても無視していたら、山田君とも出会うことがなかっただろう。人の縁で人生は変わるものだと痛感する。

残念ながら、いまパンダリーフのサイトはない。理由はよくわからない。どこかに売却されたのではなく、消滅してしまったようだ。

そうだとすれば、インターネットでの中国茶の市場は思いのほか小さいという僕の読みは、正しかったといえるのかもしれない。おそらく、あのサイバーエージェントをもってしても、中国茶市場の拡大は難しかったのだろう。

6 再就職――コンサルティング会社で修業を積む

三二歳は勉強し直すには遅くない

パンダリーフをサイバーエージェントに売却し、同時にトランスワークスも解散。創業メンバーの水野とは、売却益を株式の持ち分比率に応じて分け、以後は別々の道を歩むことになった（水野はＩＴという自分の得意技を活かし、現在はウェブやインターネット分野でコンサルティングを行っている）。

さて、僕は次に何を目指そう。

大手総合商社とベンチャー企業を経験し、大組織の一員となるよりも、経営に魅力を感じていることがはっきりした。

だが、経営者としての実力を客観的に見ると、まだまだ心もとない。ベンチャー企業のスタートアップに関しては、ノウハウも蓄積し、それなりに自信はある。だが、中堅や大企業の経営ができるかといったらまず無理だ。なにしろ経験がない。まだ三二歳。勉強するには決して遅くはないはずだ。ここでもう一度腹をくくって、将来プロの経営者になるための修業をしておこう。そう決めて、情報を集め始めたのだが、なかなかこれといったところが見つからない。

結局、僕の希望を満たしてくれそうなところは一つしかなかった。

株式会社ドリームインキュベータ（ＤＩ）だった。ボストン・コンサルティング・グループの日本代表だった堀紘一氏が設立した戦略コンサルティングファームで、ベンチャーから大企業まで幅広くコンサルティングや投資を行っている。

ここなら、年商数億円程度から数十億円、数百億円と各ステージの経営を、きちんと身につけられるに違いない。それに、名コンサルタントと呼ばれている堀紘一氏の仕事ぶりも近くで見られる。

履歴書と職務経歴書を出し面接を受けると、数日後合格通知が届いた。

のちに、合格できた理由を尋ねてみた。

これまでのＤＩはコンサルティング畑の人間ばかりで、少々ダイナミズムに欠ける。そこで、次の採用では実行力があって、なおかつベンチャーマインドの持ち主を優先しようという社内合意ができあがっていた。

そこに、元商社マンでベンチャーの起業経験もある人間が応募してきたものだから、これはいい、採ろうということになったそうだ。

新卒だったらまず入社できなかっただろう。当時、ＤＩはコンサルティング会社志望の学生から大人気で、より条件のいい外資系コンサルティングファームを蹴ってまで入社を希望する東大生も多く、新人の枠も三名ほどしかなかった。

要するに、僕は運がよかったのだ。人のやらないことをしていると、チャンスが確実に広がって、その分幸運に出合う確率も高くなるのではないだろうか。

ＭＢＡ流がまったく通用しない

ＤＩでは、一人の社員が大手とベンチャーの二つのプロジェクトに同時に参加することになっている。僕のような中途入社組も同じだ。研修期間などほとんどなく、仕事はＯＪＴで覚えていく。

最初に驚いたのは、オフィスに入ったときの静けさだった。

大手企業で働いた経験は三菱商事一社だけだったので、商社のような雰囲気をイメージしていたがまったく違った。商社にはワイワイガヤガヤ話しながら物事を進めていく雰囲気があった。よく言えば活気がある、悪く言えばうるさく集中しにくい環境だった。

ところが、DIのオフィスはとにかく静かだ。みんな分析に集中しており、話をするときは会議室を利用する。なかには耳栓をしている人もいた。東大や京大といった一流大学をトップに近い成績で卒業した人たちが、それだけ集中して仕事に取り組んでいるのだ。

僕がDI勤務期間中に、対大手企業のコンサルタントとして担当させていただいたのは、大手商社、コンビニ、印刷会社、海外のチケット販売企業など、インキュベーション（育成）を担当させていただいたのは、インターネット系ベンチャー企業三社、リサイクル関連ベンチャー企業一社と、かなり多岐にわたる。

仕事が多ければそれだけ成長機会も増えるので、僕としては願ったり叶ったりだったが、仕事のレベルの高さには舌を巻いた。週に一、二度行われる会議で、クライアントの業界におけるポジションや経営上の課題などを分析し、課題解決の方法を話し合うのだが、最初はまるでついていけなかった。

最短距離でクライアントへの正しい戦略を導き出す手法や経営戦略は、ビジネススクールのときにケーススタディで学んだが、そんなものはほとんど通用しない。

会議には、一週間かけて一生懸命分析して結果をまとめたスライドを一〇枚も二〇枚も準備して臨むのだが、プロジェクトマネジャーの答えは決まって「まったく意味がない」だった。

言われることも決まっていた。

「これは何のための分析か。分析のための分析ならそんなものは不要」

「（この分析は）本当に正しいのか」

「『なぜ？』を最低五回は繰り返せ」

「インプットが少なすぎる。もっと大量のインプットが必要だ」

「メッセージが当たり前でおもしろくない」

「示唆がない」

「ロジックが通ってない」

「で？」

などなど。ちなみに、最後の「で？」が最もつらい一言だった。

まるまる一週間かけて分析したものが、So what?（で？）という一言であっさり切り捨てられてしまう。大企業のコンサルティングのプロジェクト期間中、自分が提出したスライドがほとんど使われないという恥ずべきこともあった。

しかし、新人コンサルタントというのは、中途でも新人でもみんなそんなものらしい。僕は、これまでのさまざまな経験で精神的に強くなっていたこともあって、いくらダメ出しを食らってもそれほど落ち込みはしなかった。

人を巻き込む力

ベンチャー企業への投資先を増やすための訪問面談は、コンサルタントというより営業部や執行役員、マネジャーの仕事だったが、これは非常に楽しかった。

コンサルティングやインキュベーションを担当した企業以外に、興味をもって調べたり、訪問したベンチャー企業数も一〇〇は下らないだろう。DI社内でも僕は数少ないベンチャー企業立上げの経験者だったので、同じ立場の人と議論させるにはちょうどよかったのかもしれない。

ただ、資料一つとっても、先輩たちは僕の気づかない非常に細かいところまで読み込んでおり、現象の分析も掘り下げ方が二段階も三段階も深かった。

クライアントがベンチャー企業の場合は、何がKSF（Key Success Factor　重要成功要因）か、どのKPI（Key Performance Indicators　重要業績評価指標）が正しいのか、市場規模はどれくらいか、差別化をどう図るか、リスク要因は何か、それをどうやって打ち消していくかなどを徹底的に詰めていく。そうやって、成功する確度を高めるための仮説をつくりあげて、提案、実行支援する。

これまで自分で事業を起こし、それなりに頑張ってきたつもりだったが、ＤＩでこの仕事のやり方を経験し、いかに自分が甘かったかがようやくわかった。

これらの仕事を通して、ロジカル思考や本質を見極める目など、経営者に不可欠な能力やスキルがまだまだ足りないことを何度も痛感した。その一方で、ここは自分の長所ではないかという点に気づけたのは収穫だった。

その一つが、人から話を聞き出すこと。

クライアントに提案するには、事前に必要な情報を集めておかなければならない。それには本や書類などを読み込んで入手するものと、関係者にインタビューして引き出すものの二種類がある。

コンサルタントになるような人はみな情報処理能力に優れているので、前者に関してはほぼ誰もが無難にこなす。ところが、データ分析や仮説構築などは得意でも、インタビューだけは苦手という人が案外多い。

インタビューには、キーマンを探し出すこと、それからこちらの求める情報を聞き出すことという二つの要素が含まれているが、そもそも普段から誰かと一緒に時間を過ごすようなことをやって慣れていないと、知らない人と会うこと自体にストレスを感じてしまうらしい。

幸いなことにこれまで僕は、人を紹介したりされたりといったことをやりながらビジネスをしてきたので、人に会ったり話を聞いたりすることはまるで苦にならない。どんな人とでもすぐに打ち解けられる自信がある。

これがビジネスにとって必要な能力とは思っていなかったが、言われてみればトレーダーズ・ネットもパンダリーフも、いろいろな人の協力や助けがなければ始めることすらできなかった。それは、インタビューして話を聞き出すだけでなく、僕に人を巻き込む力があったからかもしれない。

この力を最も評価してくれたのが、DI代表の堀紘一氏だった。

堀紘一氏と二人で中国へ

DIでの日々は忙しく濃密で、息つく暇もないという状態だったが、苦痛ではなかった。自分は確実に成長しているという実感があったからだ。

そこでは毎日、大変高度なことが行われていて、中途入社の人間がついていくのは楽ではなかったが、必死になって食らいついていくことで、将来プロの経営者になるために必要なことが、ものすごいスピードで血肉化していった。こんな贅沢な環境に文句を言ったら罰が当たる、そんな気持ちだった。

さらにラッキーなことに、上司が僕のことをことさら気にかけてくれて、勉強になりそうなプロジェクトに次々と参加させてくれた。

もちろん、給料をもらって働いているわけだから、勉強させてもらうだけでなく、できるだけ会社に貢献したいという気持ちも強かった。与えられた仕事ではそれなりに結果は出していたが、それまでの自分の経歴を振り返ると、会社のためにもっとできることがあるような気がしてならなかった。

では、自分にはどんな能力があるのか。あれこれ考えていたら、それは人脈ではないかと気づいた。これまでいろいろなことをやってきたおかげで、さまざまな分野に幅広い人脈ができていたのである。

その人脈を書き出して、仕事の接点がありそうな人はいないか、一人ひとり見ていくと、朴焌成君の名前が目にとまった。

先述したように、彼は韓国出身のＫＢＳ（慶應義塾大学ビジネス・スクール）のクラスメートで、国費留学生だけあって非常に頭がよかった。ＫＢＳでいちばん仲がよかったのもこの朴君だ。久しぶりに連絡をとると、彼は中国で最大手と呼ばれているベンチャーキャピタルの一つ、レジェンド・キャピタル（Lenovo グループ）で働いていた。

僕がＤＩに就職したことや、いまやっている仕事の内容に加え、投資やコンサルティングの案件を探しているといった話をすると、中国のベンチャー企業はどこも、一歩も二歩も先をいく日本企業のノウハウをほしがっており、投資を求めているベンチャー企業も少なくないという。ビジネスチャンスは無限にあるからきっと力になれると、希望に充ちあふれた言葉が彼から返ってきた。

そして、その言葉どおり数日後には、インキュベーションの案件があるので一度中国に来ないかというメールが僕の手元に届いたのである。

さっそく会社に報告し、朴君に紹介されたベンチャー企業を調べてみると、なんとウォールデンが出資していることがわかった。ウォールデンというのは世界的に有名なベンチャーキャピタルだ。そんなところが資金を入れているのだから、かなり将来性が期待できるに違いない。

この情報にＤＩ側も色めき立ち、急遽プロジェクトチームが組まれ、中国に視察に行くことが決まった。メンバーは僕と堀氏の二人。

いきなり社長（現会長）自らの出陣である。それだけ会社もこの案件に期待しているのだと思うと、責任の大きさに胃が痛んだが、もう後戻りはできない。決死の覚悟で中国に乗り込んだ。

だが、心配は杞憂だった。社長、それもあの有名な堀紘一がわざわざ足を運んでくれたとあって、向こうでは朴君と彼の会社の経営陣が、終始友好的に応対してくれた。また、一泊二日の強行軍だったが、朴君がスケジュールを段取りよく組んでくれたおかげで、投資を検討しているベンチャー企業の社長の面接も実現した。

堀氏も手ごたえを感じたのか、日本に戻り、成田空港からＤＩオフィスに車で向かう途中、「大澤、でかした」と声をかけてくれた。仕事に厳しい堀氏はめったに部下をほめない。それだけに、この言葉は嬉しく、ようやくＤＩの社員として認めてもらえたような気がした。

帰国後、さらに精査を重ねたあと、ＤＩはこの中国ベンチャー企業への投資を決めた。その後も朴君の会社からは同様の話がいくつかもち込まれ、最終的に三件の投資が成立した。

現在はその三件とも、ＤＩは持ち株をすべて売却している。おそらく合計の売却益は億単位のはずだ。そのすべてが僕の手柄とは言わないが、在職中の給料に見合う以上の貢献はできたのではないだろうか。

当時DIでは、社員が新規の投資案件を会社に紹介すると、そこから会社が得た利益の数パーセントがインセンティブとして紹介者に還元される仕組みになっていた。ただし、利益が出る前に退社してしまうと、その権利はなくなる。中国ベンチャー企業の持ち株売却は、いずれも僕が退職したあとに行われたから、これに関して、僕はまったく金銭的な恩恵を受けていない。

ちょっぴり惜しい気もするが、DIではお金以上に価値のある経験をいくつもさせてもらったので、そのお金が入らなくても十分だった。

「運」はビジネスで最も重要な要素の一つ

「大澤のような運がいい人間は辞めさせてはいけない」

DI時代、社長の堀氏は僕のことをこんなふうに言っていたらしい。

堀氏は、中国での初対面のときから、聡明で国際感覚をもち、ビジネス・リテラシーの高い朴君のことを非常に高く評価していた。そして、ああいう希有な才能の持ち主と友人関係を築けるのだから、大澤は強運の持ち主というわけだ。

これに関しては直接、堀氏からうかがったことはないので、ここから先は推測だが、おそらく堀氏は僕のもっている人を巻き込む力を、運のよさという言葉で表現してくれたのだと思う。堀氏は『超人脈力』という本を書くくらい、人脈がビジネスパーソンにとってどれほど大切かを熟知しており、ご自身も各界に幅広い人脈をもっている。だからこそ僕の人脈という資産や、人間関係を広げていく力を見て、高い価値を感じてくれたのだろう。

「あいつは運がいいヤツだ」というような言われ方をすると、あまりいい気分がしない人もいるかもしれない。でも、僕はそんなことはまるでなかった。運のよさは、仕事でも人生でもかなり大事な要素だという意識があったからだ。ちなみに、「ビジネスで最も重要な要素の一つが運である」というのは堀氏の持論でもある。

自分のキャリアを振り返っても、たしかに僕はかなり運がいいほうだと思う。

たとえば、仕事でもプライベートでも何か新しいことを始めるとなったら、一から情報を集めなければならない。勘所もわからないから、無駄なこともたくさんして、多くの時間を費やすことになる。それが普通だ。ところが、僕はそういう苦労をあまりしたことがない。自分のネットワークを探していくと、およそどんな分野でも一人や二人知り合いがいるからだ。

彼らに電話やメールで尋ねれば、必要な情報はほぼ手に入るし、あるいはその人がより役に立つ人を紹介してくれる。だから、不慣れなことであっても、やってみたらわりあいスムーズにいったというケースが多いのである。

僕のこの運のよさは、たしかにそれまで築いてきた人脈に負うところが多い。まさに堀氏の言うとおりだ。

僕はとりわけ社交的でもなければ、話し上手というわけでもない。異業種交流会などに参加して積極的に顔を売るというようなことは、どちらかといえば苦手だし、そういうことにあまり価値も感じていない。では、僕はどうやってこの人脈を手に入れたのか。考えられる理由は以下の二つである。

一つは、人よりも余計に挑戦してきた結果。

新卒で入った会社を三年で辞め、ビジネススクールに通いながら起業し、いくつかの事業を立ち上げて、コンサルティングファームに就職……このように僕のキャリアは数年ごとに大きくフェイズが変化している。そのたびに所属するコミュニティやつき合う人たちも変わるから、一カ所でずっと頑張っている人よりも、バラエティーに富んだ人脈が自然とできあがったのだ。

もう一つは、自分のほうから相手に与えることを惜しまなかったこと。

ＫＢＳ時代、朴君から、「米国のすば抜けて優秀な知人が勤める会社が日本に進出したがっているので手伝ってくれないか」と頼まれたことがあった。

そのとき僕は、起業したばかりのトランスワークスが資金ショートに陥っていて大変な時期だったが、友人である朴君の頼みを無下《むげ》にはできない。それで本人に会ってみると、さすがにハーバードのＭＢＡホルダーだけあって優秀で、ビジネスを成功させたいという意欲も伝わってきた。話を聞いているうちに、これはなんとかしてあげたいという気持ちになり、その場で日本市場での彼のビジネスの立上げに協力することを約束したのだ。

それで僕自身はますます忙しくなってしまったのだが、ハーバード流プレゼンテーションを間近に見られるなど、いろいろなことを勉強させてもらえたのだから、朴君にも彼にも感謝している。しかも「一緒にこの壮大なビジネスにジョインしないか」と声をかけてもらい、朴君からもそちらのビジネスへの参画を勧められたが、「まだトランスワークスは起業したばかりの重要な時期だし、何より一緒に経営している友人がいるから」と丁重に辞退した。

そういうことがあったので、僕がＤＩに入社したと知るや、すぐに朴君は協力を申し出てくれたのだろう。

一人でできることなんて高が知れている。いろいろな人の手を借りなければ、大きなことはできない。だから、力になってくれる人はたくさんいたほうがいいに決まっている。けれども、自分が必要なときだけ利用しようというのは虫がよすぎる。自分も日ごろから、相手にとって役に立つ存在でいられるよう努力しているからこそ、相手もいざというときこちらのために動いてくれるのである。

人間関係の基本はあくまでギブ・アンド・テイク。そのうちより大事なのはギブのほうだ。先に多く与えれば与えるほど、あとでそれが何倍にもなって戻ってくる。そういう気持ちで生きていると、自然に人脈は広がっていく。僕はそう思う。

7　転職――会社経営に挑戦する

次期社長を条件にした誘い

ＤＩに入社し丸二年が過ぎようとしたころ、ちょっとした事件が起きた。ある会社から僕を役員に迎えたいという声がかかったのだ。

それまでもヘッドハンティングの話は何件か届いてはいたが、いずれもまともに検討することはなかった。心が動いたのはこのときが初めてだ。

オファーが来たのは、一九六五年から東京・足立区で操業を続ける株式会社土屋鞄製造所。創業時はランドセル専門の工房だったが、現在は革カバンから革小物まで広く手がけている。当時で年商二〇億、急成長していた優良企業だ。

その土屋成範社長から直々に「土屋鞄をもっと成長させ、グローバル企業にしたい。そのために力を貸してほしい」と口説かれたのである。さらに、「会社はいまのところ業績好調だが、本来自分は経営者向きではない。だから、いずれは君に社長の座を譲りたい」とも。

土屋社長に初めて会ったのは、パンダリーフで中国茶を売っていたころに参加したネット店舗の勉強会だったから、つき合いは長かった。

もともと土屋鞄は、日本の匠の技を活かした質の高い製品づくりが評判を呼び、一部の本物志向の人たちから高い支持を得ていたものの、ランドセルメーカーの域を出ていなかった。

ところが、先代から会社を引き継いだ土屋氏は、それでは飽き足らず、インターネットを利用して全国展開を図った。これが当たって会社は急成長し、土屋鞄はｅコマースの成功モデルとしても注目を浴びるようになったのである。

そんなわけで僕がＤＩに就職してからも、たまに会っては情報交換と称して一緒に酒を酌み交わすといった関係がずっと続いていた。

ＤＩの仕事はおもしろかったし、上司からの評判も悪くなく、職場の人間関係も良好、給料などの待遇にも満足していた。辞める理由は何もない。だから、これまではヘッドハンティングの話がきても、まったく興味がもてなかった。では、なぜ土屋鞄からの誘いだけは違ったのか。

まず、土屋社長が僕を経営陣に加えようとする理由が明確だった。それは、会社の株式公開を行うことと、海外での事業展開を実現できる人材として、そして次期社長候補としての三つだ。

最初の二つに関しては、DIやその他のキャリアで鍛えられ、ノウハウやスキルも手にしていたので、やり切る自信はあった。三つ目の中堅企業の経営はもちろん初めてだが、やはりDIで土屋鞄と同規模企業のコンサルティングを経験しているから、腕試しの意味も込めてぜひ挑戦してみたい。

それから、声をかけてくれたのが旧知の仲である土屋社長という点も大きかった。

一般にヘッドハンターは、クライアントからの依頼を受け、条件だけ見てそれに見合う人材を探す。ヘッドハンターから話がきても、それは本当に僕という人間が最適だからではなく、単に条件を充たしているからにすぎない。だから、これまではまともに話を聞く気になれなかったのだ。

しかし土屋社長は違う。僕がこれまでどんなことをやってきたか、どういう人間か、長年のつき合いでよくわかっている。そのうえで「ぜひ当社にきてほしい、君の力が必要だ」と腹をくくって声をかけてくれているのだ。

そう思うと僕だって悪い気はしないし、その覚悟に応えようと思うから、いきおい真剣にならざるを得ない。

土屋鞄から提示された条件も、かなり魅力的だった。

給料はＤＩの三割増し。そのほかに必要経費も使えて、基本的に上限は設けない。仕事のやり方は僕の考えを尊重し、国内外の出張も自由。もちろん、結果をきちんと出すのが大前提だが、少なくとも条件面での不満は一切なかった。

さて、どうしよう。ＤＩで学びたいことはまだたくさんある。それに、そのころはだんだんと大きな仕事を任されるようになって、コンサルタントのおもしろさがようやくわかってきたところだった。

土屋鞄から声がかかっていなければ、あと数年はＤＩでコンサルタント業務を続け、それなりに出世もするだろう。だが、僕の最終目標はあくまでプロ経営者。もともとＤＩにはそのための修業だと思って入ったのである。

そう考えると、少し早いかもしれないが、ＤＩで身につけたことを実際の経営で試すのもいいかもしれない。

当時、土屋鞄は従業員三十数名、売上げ約二〇億円と、マネジメントを経験するには手ごろな規模だし、成長企業なので新しいこともやりやすい。なにより株式公開と海外展開と、当面やることがはっきりしている。当事者としてそれらの課題をやり遂げることができれば、ＤＩでコンサルタントを続けているよりも確実に成長できるのではないだろうか。

腹は決まった。

よし、土屋鞄で新たな挑戦をしよう。さんざん悩んだが、決めたらもう迷うことはなかった。

「それは君にとって最適なオプションではない」

ＤＩの上司には、退職を決心してから報告した。

コンサルティングファームは、一般の会社に比べて社員の出入りがかなり激しい。アップ・オア・アウトといって、一定期間内に実力を認められ昇進できないと、社内に居場所がなくなり、辞めざるを得なくなる。一方で、入社希望者は多い。それで、常時何割かの社員が入れ替わっている。

僕の辞表もすぐに受理されるものと思っていたのだが、簡単にはいかなかった。

「それは君にとって悪い話じゃないが、最適なオプションではないと思うよ」

僕の話を聞いて直属の上司は、しばらく考えてからそう言うと、あたかもクライアントにするように、その根拠を説明してくれた。

「土屋鞄は、いまは勢いがあるが、そもそもの市場規模は巨大ではなく、会社自体に明確な差別化ができているわけではないので、この先伸びても年商二〇〇億円くらいで頭打ちになるのは目に見えている。

それよりも、君の実力を考えたら、DIでもっと訓練を積めば、年商一〇〇〇億円規模の会社のマネジメントができるようになるし、もっと上を目指すことも可能だ。現在の年収やポジションに不満があるなら、自分が上に掛け合ってもいい」

さすがに優秀なコンサルタントだけあって、話は論理的で、こう言われると反論の余地はない。しかも、この上司は僕が会社でいちばん信頼していた人であり、入社時からあれこれ親身になって指導してもらっていて、恩義も感じていた。

だから、もし僕の決心に少しでも甘いところがあったら、きっと簡単に翻意させられてしまっていたことだろう。

さらに、社長（堀氏を継いだ新社長）にも呼び出され、「大澤が行こうとしている会社はここじゃないのか」と愛用しているバッグや財布などを見せられた。社長は土屋鞄の個人的な顧客だったのだ。

「土屋鞄がいい会社なのは愛用者としてよく知っている。売上げは大体二〇億円規模で、成長しているし、今後も成長するだろうが、上限はせいぜい一五〇億円程度だ。それで大澤は満足するのか。ＤＩで大澤が担当者になって土屋鞄を支援するのは承認するが、辞めるのはダメだ」

その時点で僕はＤＩには「成長しているカバンの会社に転職する」としか報告していなかった。それなのに会社名を言い当て、売上規模を示し、さらに利益の規模から顧客数などをズバズバと推測する。しかもそれらがすべて当たっているのだから驚くほかなかった。

堀会長からも、「海外を目指す気持ちはわかるが、日本の革製品は海外、とくに欧米では通用しない。大澤はこの先ＤＩの海外担当の幹部として考えている。だからもう一度考え直せ」と言われた。

これだけの人たちに引き止めていただいたのは本当にありがたかった。

しかし、そのときはもう気持ちが土屋鞄で固まっていた。いったん自分のなかでそうなったら、もう論理ではどうにもならないのである。

二〇〇七年にＤＩを退社した。コンサルタントとしては、はっきり言って中途半端だったと思う。だが、じつに多くのことを学んだ二年半だった。ＤＩでなければ、この短い間にこれほど成長することはできなかっただろう。

当時、ＤＩは去る者に対してはわりとドライで、送別会は開かれてもあまり人数が集まらないことが多かったからそのつもりでいたら、僕のときはかなり多くの人が出席してくれた。なんでも過去最大だったそうだ。

たまたまかもしれないが、とにかくＤＩに関しては、悪い思い出は一つもない。

会社の正しい辞め方

これから会社を辞めようという方にご参考までに、会社の辞め方を簡単に説明させていただく。

ポイントは次の四つ。

①辞めるまでは会社にスキルや人脈を惜しみなく提供する。
②仕事の成果は、社長や会長、上司にちゃんと見える形で示しておく。
③会社や上司の悪口は絶対に言わない。
④辞める意思を上司に伝える際は、できるだけ会社に迷惑がかからないようなタイミングを選ぶ。

経営者は常に費用対効果という目で社員を見ている。もっとわかりやすく言うなら、投資した給料分は回収したいと思っている。もし、あなたが十分な貢献をしてきているのなら、会社としても元は取れているので辞表も受理されやすい。逆の場合はしばしばトラブルに発展する。

やたらと自分の成果をアピールする人もいるが、それは必要ない。自分が何をやって、こういう結果を残したという事実が伝わればそれで十分である。ついでに言うと、いくら仕事ができても、ネガティブで会社の悪口ばかりを言う人は組織の雰囲気を悪くするので、そういう人が「辞める」と言うとむしろ歓迎される。

上司に話すタイミングもきわめて重要だ。

僕の場合、ＤＩ在籍中の二〇〇七年三月には、七月一日から土屋鞄で働くという具体的な日程まで決めており、四月一日までに上司に話すつもりでいた。

ところが、ある執行役員から三月の段階で、とあるベンチャー企業の半年程度のインキュベーション・プロジェクトに大澤をアサインしたいという打診があった。打診というのは命令とほぼ同義である。

アサインしてもらえるのはコンサルタントにとっては非常にありがたいことなのだが、引き受けてしまうと途中で抜けることになる。そうなれば顧客にも迷惑がかかるし、ひいてはＤＩの信用問題にもなりかねない。

そこで、僕は執行役員に次のように話した。

「このプロジェクトには大変興味があり、ぜひ参画したいのですが、一つ問題がありま す。じつは退職を予定していて、七月一日から次の会社に行くことが決まっているのです。もし途中でプロジェクトから抜けることをご了承いただけるのであれば、有給休暇の消化はいらないので、六月末まで働きます」

その結果、「大澤さんには時間の許す限りプロジェクトに参加していただき、ベンチャー企業の成長の道筋をつけるところまでお願いしたい」という条件付きで正式にアサインされた。

また、僕がＤＩに紹介し、投資が決まった中国のベンチャー企業三社に関しては、退職後も朴君と連携してフォローすることを約束した。

ルイ・ヴィトンのように世界市場で勝負する

土屋鞄という会社について少し説明しよう。

土屋鞄製造所は、土屋國男さんが中学卒業後上京してカバン製造業に従事し、一九六五年、足立区花畑《はなはた》でランドセル工房として始まった。その後、息子の土屋成範さんが社長を引き継ぎ、若手職人を育てながら、インターネット通販、カタログ通販、店舗拡大とランドセルの販路を増やし、また商品もハンドバッグやビジネスバッグ、革小物と、アイテムの種類を増やすことで増収増益を続け、売上げを二〇億円近くにまで伸ばした優良企業である。

ここで、カバン業界をとりまく状況をビジネスの観点から少し解説しておく。

日本のカバンの市場規模は、二〇一二年で約八〇〇〇億円。これはピーク時（二〇〇〇年）の市場規模一兆円の八割で、市場は年々縮小傾向にある。

市場の内訳は、革カバン・革小物が約五二〇〇億円で過半数を占める。そのうちルイ・ヴィトンが約二五％。高級バッグと五〇〇〇円以下の安いバッグの中間市場を獲得しているのがコーチ、サマンサタバサなどだ。そこにセレクトショップの自社ブランド商品などが加わり、激しい競争が行われている。

このように縮小市場で、なおかつ海外、国内ブランドがひしめき合うなかで、売上げを伸ばしている土屋鞄の経営には純粋に興味があった。

また、土屋社長には、入社前に僕のこんな想いを伝えていた。

「どううまく経営しても、国内では売上げ二〇〇億円が上限でしょう。そこが社長の目指すところなら、僕は転職しません。

ある程度のところで上場して資金を調達し、ルイ・ヴィトンのように世界市場で勝負する。日本の製品やコンセプトで海外を驚かせて、商品やサービスを通して日本の文化を世界に広げていく。それを実現できるのであれば、僕はこれまで培ったスキル、経験、人脈すべてを土屋鞄に捧げる覚悟があります」

「思うとおりやってくれ」

これが土屋社長の返事だった。

右脳型経営者のすごさ

土屋鞄の強みは一見、職人の匠の技にあるかのようだが、それはまったく違う。もちろん、土屋鞄の職人の技術は優れている。だが、著しく技術が向上している海外の職人と比べて特別な違いはなかった。

では、土屋鞄の差別化要因はどこにあるのか。

それは大きく四つあった。一つ目は土屋社長の商売感覚。二つ目はマーケティング部門の美的センス。三つ目は製造から販売まで自社で行うSPAというビジネスモデル。四つ目が、日本の職人の匠の技を守ろうという全社員の強い想い。このうちの一つ目から三つ目について、少し触れたい。

まず、土屋社長の商売感覚。僕がそれまで見てきた優秀な経営者は、高学歴で、きちんと市場を分析し、差別化要因を考え、社員を鼓舞してうまくマネジメントする、いわゆる左脳型の経営者がほとんどだった。

ところが土屋社長は、明らかに右脳型だった。直感力が驚くほど鋭い。雑誌や通販雑誌を見て、このアイテムは売れる、売れない、もしくはこうしたらもっと売れるようになるということが、直感的にわかるのである。

A、B、Cというデザインがあれば、「いちばん売れるのはAで、雑誌やインターネットでこうに見せていくと○×億円くらいの売上げがとれる」と瞬時に予想してしまう。そのほぼすべてが当たるのだ。

土屋鞄のサイトは非常に評価が高いが、これも土屋社長の感覚が反映されたものだといっていい。とにかく土屋社長のセンスは誰も真似できないと、入社前から感じていた。同時に、このままではこの社長が退任したとき、会社が大きなリスクを負うことも容易に想像できた。

また、土屋社長ほど社員をよく観察し、的確な声かけができる人を僕は知らない。体調が優れなかったり、ストレスがたまっていたりすると、自分では隠しているつもりでいても、すぐに見抜かれてしまう。そういうときに土屋社長に会うと、「元気ないな」「悩んでいないか」と必ずひと言かけてくれる。こういうトップなら社内の雰囲気も悪くなるはずがない。

二つ目のマーケティング部の美的センスに関しても解説しておこう。僕が入社したときは全社員三〇名の三分の一にあたる一〇名がマーケティング部所属だった。そのほとんどは美大出身で、デザインや造形に関してはみな一家言もっている。さらに、入社後はそこに売れ筋を見抜く感覚が加わって、最強のクリエイティブ部隊となるのだ。土屋鞄では、ウェブサイトや商品カタログの制作は、撮影、コピー、レイアウトなどすべて社内のマーケティング部が行っている。店舗の設計や什器のデザインも同様だ。これも土屋鞄の強みの一つだった。

土屋鞄に入社するまで、僕はビジネススクールやコンサルティングファームで、市場規模や市場特性などの膨大なデータを集めて分析したり、競合に勝つための戦略を立案したり、そのための仮説構築と検証といった、いわゆる左脳を使って考えることばかりしてきた。

もちろん、それらは経営にとって大変重要なことなのだが、それがすべてではない。商売の勘やデザインのセンスといった右脳的部分も同じように競争優位の源泉になり得るのだということを、僕は土屋鞄で学んだ。そして、このことがその後ピース・トゥ・ピースを立ち上げる際、大いに役立った。

そして、三つ目の差別化要因であるＳＰＡというビジネスモデル。

これは、自社で企画、製造から物流、プロモーション、販売を一貫して行い、卸取引を行わない小売業態のことをいう。中間流通を省くことによって、商品をリーズナブルな価格で消費者に届けることが可能となる。また、それによって利益率が高まるという点も見逃せない。

土屋鞄は創業当初から、このＳＰＡという業態にずっとこだわってきた。だから出店も急がない。足立区花畑に開業して以来、インターネットでプロモーションと販売を地道に行いながら、鎌倉、門前仲町と、少しずつ店舗を増やしていき、現在は丸の内、横浜、名古屋など合計一〇店舗まで拡大している。

僕は土屋鞄にお世話になる腹を決めると、さっそく準備を始めた。

まずは二週間に一度土屋社長と会って、会社の状況や仕事内容を頭に叩き込み、同時に経営課題について二人で議論を重ねた。

それからファッションやトレンドに関する情報収集。

それまで僕は、ファッションと関係のある仕事はまったくといっていいほどしてきていない。しかし、これからは革カバンというファッションアイテムを扱う経営に携わるのだから、ファッションはわかりません、トレンドも知りませんでは社員がついてこないだろう。そう考えたのである。

といっても、ファッションセンスを短期間で身につけるのは容易なことではない。そこで、知人の紹介でスタイリストを頼み、自分に合うスタイルや色の組み合わせなどを学んだ。また、土屋鞄ではスーツで通勤している社員は一人もいないと聞き、やはりスタイリストのアドバイスを参考に私服をたんまり買い込んだ。

土屋鞄に入社後は、社内でいちばんオシャレだと言われていたTさんに、服のコーディネートなどを見ていただくことで、さらにセンスを磨いていった。これまで選んでこなかったような色やアイテムの提案をしてもらい、好みの服でも似合わないとはっきり言ってもらえるのは、楽しくもあり勉強にもなった。

まずは職人にまじって修業を積む

ＤＩの正式退職日の翌日が、土屋鞄の初出社日だった。早く腕を振るいたいと勢いよく乗り込んだのだが、いきなり水を差された。

「うちに入ってきた人はみな、最初はランドセル職人と一緒にカバンづくりをしてもらうことになっている。それが終わったら次は店舗とＣＳ（カスタマーサポート）部で研修を受けてもらう」

土屋社長から、そう命じられた。

僕を気づかってか、「申し訳ないけど少しの辛抱だから、頑張ってものづくりを勉強してほしい」と声をかけてくれたが、こちらとしてはむしろ、未経験のカバンづくりが学べる貴重なチャンスだ。不満などあるはずがない。それに、一緒に作業することで職人たちの気持ちを理解することができるのもありがたかった。

そう思って喜んで取り組んだランドセルづくりだが、やってみるとじつに奥が深かった。手づくりの部分が多く、きちんとした商品に仕上がるまでに、かなり細かい作業が要求される。

たとえば、革の細かいパーツに色を塗っていく作業。最近のランドセルは赤や黒だけでなく、ピンクやブラウンなど色も多岐にわたる。各パーツにこれらの色を均一に塗っていくのだが、この「均一」という作業が非常に難しく、慣れない僕は職人にダメ出しばかりされていた。

また、二時間も三時間も座って同じ作業をするのも苦痛だったが、職人はその間まったく集中力を切らさず、正確に、速いスピードで作業を進めていく。これはかなわないと思った。

これはあとからわかったことだが、ほとんどの職人は、「超一流のカバン職人になる」

という夢をもっており、そのための修業の一環としてランドセルづくりに取り組んでいるという意識があるので、それくらいのことではへこたれていられないのである。明確な夢をもって日々、技術の向上に励む人は成長も速く、少々のことでは音を上げないのだということが、彼らと一緒に働いてよくわかった。

また、職人は命懸けなので、いやでも集中力が高まるという側面もあったようだ。命懸けというのは決して誇張ではない。ランドセルの製造には、鋭い刃のある機械を扱う作業が含まれており、油断していると手や指に大けがを負うことになる。

命ともいうべき手先の自由が損なわれたら、職人としての未来も失われてしまう。その怖さを知っているがゆえに、彼らは作業中、常に緊張感を失わないのだ。

職人にまじってカバンづくりに励む日々は本当に楽しかった。

彼らは押しなべて素直で一途、目標に向かって努力を惜しまない。なかには新役員の僕に対して、ぞんざいな言葉でなれなれしく話しかけてくる人もいたが、それはあまり気にならなかった。それよりも、これまでの商社やコンサルティングファームでは出会ったことのないような人たちと一緒に働くこと自体が、楽しくてたまらなかった。土屋社長は、僕がうまく職人たちとやっていけるか心配だったようだが、気にする必要はまったくなかった。

一カ月にわたる工房でのランドセルづくり研修が終わると、続いて鎌倉店で一週間の店舗研修。さらに本社のCS部で一週間の研修を経て、ようやく通常の役員の業務に就くはずだったのだが、ここで問題が発生した。

土屋鞄の経営陣は、社長の土屋氏と彼の弟、そのほかに取締役が二名いて、それぞれが営業統括とデザイン・製造統括の役割を担っていた。そこに僕が加わって、新たに五人体制となったのである。

ところが、僕の役割は何も決まっておらず、社長の机の横に僕の机が並んでいただけだった。社長は、「大澤は自分の近くにいて、日々の相談に乗ってくれればそれでいい」と考えていたようだったが、会社という組織のなかでは、権限と責任が明確でない人間は何もできない。

僕がそう言うと、「そういうものなのか」と逆に驚かれてしまった。社長といっても、これまでは個人商店の経営者くらいの意識だったのだろう。

いきなり先行き不安な船出だったが、もう船は港を離れてしまったのだからなんとかするしかない。社長と半日ほど話し合い、とりあえず、人事や経理といった管理部門の統括役員という肩書にしてもらった。

一から組織をつくり直す

社内には、製品をつくる職人、デザイン、営業、ウェブ制作などのチームがある。まずは会社の雰囲気をつかもうと、各チームの仕事を見て回ることにした。

どうもおかしくないか……。

数日すると、そんな違和感が募ってきた。最初は、会社に慣れていないからそう感じるのかとも思ったのだが、そうではない。

それぞれのチームが勝手に仕事を進めていて、横の連携がとれていないうえに、同じチーム内でもそれぞれの役割が曖昧で、全体がばらばらなのだ。また、社長は社長で突然現場にやってきて思いつきで指示を出す。

会社としての体を成していないのは明らかだった。

これは一から組織をつくり直さないと、早晩機能不全に陥ることは免れない。おそらく、すでにその兆候は至るところに現れているはずだ。

そう思った僕は、まず一人ひとりと話すことから始めた。全社員に対して一人三〇分程度のインタビューをすることにしたのである。

ありがたかったのは、このアイデアを社長がすんなり受け止めてくれたことだ。ワンマン社長だと、「黙って俺の言うことを聞け。余計なことをするな」と突き返されるところだが、土屋社長も社員が会社のことをどう思っているか知りたかったようで、僕の提案を喜んで受け入れてくれた。

インタビュー対象者は、本社の役員から、人事・経理等を管轄する管理部、オンラインショップのクリエイティブを担当する営業部のチーム（これには本店、鎌倉店、門前仲町店の販売員全員が含まれる）。さらにCS部門、製造部門を支える二〇代の若手から六〇代の熟練職人たち、製造をデザインやスケジュールの面から管理する製造管理部門である。

社員には、誰が何を言ったかは社長や役員にも明らかにせず、個人情報も絶対に守るという条件で、日ごろ感じていることや会社に対する要望、不平不満などをすべて吐き出してほしいとお願いした。

最初はとまどってなかなか言葉が出てこなかった人も、何を言っても自分にデメリットがないとわかると、堰《せき》を切ったようにしゃべり始めた。これまでそういう機会がなかったから仕方がないが、みなストレスを抱えながら働いているということが、そこから見てとれた。

8 挫折——右脳型社員のマネジメント

会社が抱えていた三つの課題

インタビューの結果、主な問題は三つだということが明らかになった。

一つは、誰が意思決定者なのか誰がリーダーかわからず、失敗しても誰も責任をとらない。デザインチームの案に営業チームが口をはさんできて、どちらの指示に従えばいいかいつも迷うといった、部門間の調整など組織形態に起因する問題。

もう一つは、休憩時間や休日出勤の扱いなど職場のルールや規律に関する問題。

最後は、社員の給与の決め方、評価制度などが曖昧だという問題。

僕は自分の最初の仕事として、この三つの問題を解決することにした。

まずは役員全員を集めて、明らかになった課題を個人名は伏せて発表し、解決策を提示、全員の支持を得て実行に移した。実施する前には全社員を集めて、解決のためにいつまでに何をしていくかを約束した。その内容は以下のとおりである。

まずは組織づくり。各部門のトップを明確にし、権限を与えると同時に責任の範囲を明確にする。また、各部門がばらばらで好き勝手にやっていたら、会社としてもロスが多く、シナジー効果も期待できない。そこで毎週一回、部のトップが集まるマネジャー会議を開いて、そこで情報交換と部門間の意思の擦り合わせを定期的にやっていく。また、どこか一つの部に権限が偏らないよう調整する。

さらに、意思決定のための正式な場が存在していなかったので、毎週一回開催される役員会を設置し、ここで会社の大きな課題を提出し、役員同士で議論してその場で結論を出すようにする。決定に至らなかった課題は、いつ誰がどのような形で解決案を提示するのかをはっきりさせるような体制にした。

二つ目の職場のルールや規律に関する問題に関しては、これまで不明瞭だった点をはっきりルール化することが急務であると考え、就業規則づくりに取りかかった。

さらに、社員の年齢層が幅広く、世代間のコミュニケーションがうまくとれていないと感じたので、ベテラン社員に若手の相談相手や指導役になってもらうメンター制度も導入した。

三つ目の対策としては、新たな評価制度の作成を行った。各部門のトップに再度インタビューを行い、部の統括に寄与する重要な経験、スキル、もしくは重視したい資質などの評価項目を整理し、さらにそれらの数値化を試みた。また、担当の役員がそれぞれの評価結果を見て、甘すぎたり厳しすぎたりといった偏りがないかを、部門ごとにチェックした。最後は一人ひとりの評価をもう一度精査し、役員会で給与を決めるようにしたのである。

土屋鞄の社員は本当に素直な人ばかりで、僕がこうやって会社を変えていきましょうと旗を振ると、そのとおりに動いてくれる。これは土屋鞄の素晴らしいカルチャーだ。その反面、もし悪意のある人間が入ってきたら、簡単に壊されてしまいかねない。彼らを見ていると、そんな危うさを感じないわけにはいかなかった。

この分なら、きっとうまくいく

改革が進んでいくにつれ、会社の雰囲気は目に見えてよくなっていった。もちろん、それまでも悪い雰囲気ではなかったが、それに加えて、全員が安心して働ける会社に生まれ変わりつつある。

「最近、風通しがよくなって働きやすくなった。みんな大澤さんに感謝しています」

そんな嬉しいことを目の前で言ってくれる社員もいて、僕は自分がやっていることに自信を深めていった。

組織がちゃんと確立され、社内のルールも整備されてくると、土屋鞄のような営業が強い会社は、加速度的に成長する。

メンター制度としては、少し先に入社した先輩がメンターとして定期的に後輩に教え、後輩は一対一で何でも話せるようにした。これによって先輩には上司としての自覚が芽生え、教えることで自分もまた学ぶことができる。また後輩は不安を解消し安心して仕事に打ち込めるようになる。この制度によって社内のコミュニケーションは格段にスムーズになった。

さらに、社員インタビューで明らかになった「実店舗販売員が抱える悩み」にも対処していった。土屋鞄では、通常の小売りとは異なり、オンラインでの売上げが過半を占め、さらにオンライン主導で売上げを伸ばしてきた経緯から、実店舗が軽視される傾向（と当事者は感じている）があった。人によっては本社との物理的距離もあり、孤独を感じている人もいた。

そこで店舗と本社をつなぐ役割を担うエリアマネジャーという役職をつくった。店舗と本社をつなぐ人に活躍してもらい、社内行事を増やし、店舗スタッフの日程を考慮して社員全員が参加できるようにすると、店舗の満足度も上がっていった。

こうして少しずつ組織らしい体制が整ってくると、売上げや利益も伸びてくる。この分なら株式公開も海外展開もきっとうまくいく。そうすれば一〇〇〇億円の売上げだって夢ではない。

だが、現実はそんなに甘くなかった。

突如、反乱の火の手が

僕は次々と改革案を会社に出していった。

この会社は手をかければもっとよくなる。そのはずだった。

ところが、入社して一年近く経つと改革のスピードが突然鈍ってきた。最初のころは会社をあげて協力的だったのに、あるときから僕のやることに対し不満を示す人たちが現われたのだ。あからさまだったのが、営業部門の一部のスタッフだった。

もともと営業チームは、社内で最も発言力があり、他チームに対しても自分たちの意見を強引に押しつけるようなところがあり、社内でも問題になっていた。

「この会社は自分たちの営業力が支えている」という意識も強く、部長会議でも営業部長の発言には、他部門を下に見ているような傲慢さが垣間見られるので、僕も気になっていた。実際に、誰よりもよく働き、活躍もしており、会社のエース的な存在だったので、社長も課題には気づいていながら手を焼き、解決できていなかったのだ。

その営業部門の数人から突如、反乱の火の手が上がった。

僕が営業に関し、「もっとこうしたらいいのではないか」と提案すると、その場では反対しないものの、顔を見ると明らかに乗り気ではない。案の定、その提案は実行されず無視されてしまい、しまいには社長に「大澤の提案が業務の邪魔になる」と訴えられる始末だった。

もちろん、社長は何が起こっているかすぐに理解してくれたが、僕としては立場がない。営業部に対して「どうしてやらないのか」と問い詰めても、あなたは営業ではなく管理部門じゃないかと言われると、それ以上何もできなくなってしまう。

結局、社内改革を行うには、すべての部門を統括するポジションに就くか、せめて管理と営業の二つを統括する権限を握っておく必要があったのだが、最初の段階で僕は、その大事なことに気づいていなかった。

また、僕は社員を説得するのにできるだけ数字を根拠にしていた。

たとえば、どの媒体にどんな広告を出稿するか決める場合は、過去のデータから費用対効果を数値化して、最適なものを選ぶといった具合だ。

しかし、左脳よりも右脳優位型の社員の比率が圧倒的に高い土屋鞄では、これが通用しなかった。いくら数字で説得しても、そんな数字より自分の感覚のほうが正しいと突っぱねられてしまうのだ。

それまでずっと数字とロジックの世界で仕事をしてきた僕は、右脳型社員のマネジメントがこれほど難しいとは想像もつかなかった。正しいことを正しいロジックで説明しても人は動かない。仮に動いたとしても感情的なしこりが残り、いずれうまくいかなくなるのだ。

社員からすれば僕は、土屋社長の友人だからといって突然取締役に就任した、三〇歳過ぎのいけ好かない高学歴の元コンサルタントにすぎない。それなのに勝手に組織を改革し、管理部門以外の部門にまで口出ししてくるのだから、おもしろいはずがなかった。

「正しいロジックだか経営戦略だか知らないが、ここは私たちが築き上げた土屋鞄だ。余計な口出しはしないでほしい」

ときには、面と向かってそう言われることもあった。

「株式公開の話はなかったことにしてほしい」

信頼していた土屋社長との間にも、溝が生まれた。

当時、土屋鞄はカナダのバンクーバーで日本食レストランを経営していた。しかし、赤字続きで改善の見込みもなく、また本業とも関連しないため、僕は土屋社長にその事業からの撤退を提案した。だが、どうしても受け入れてもらえない。

このレストランの経営を任されていたのは土屋社長の実弟であり、撤退すれば社内に弟の居場所がなくなると考えていたのだろう。なお、このレストラン事業はその後も赤字を出し続け、結局閉鎖することになる。

土屋鞄のように家族型経営で、かつ外部の業者との接触がほとんどない中小企業の場合、社内に独特の土壌が形成され、また経営判断の際も社長の個人的事情や感情が重視されがちだということを、僕は知らなかったのだ。

こうして、それまで順調だと思っていた社内改革が突如暗礁に乗り上げ、頭を抱えているところに追い打ちをかけるように、次なる試練が襲いかかってきた。当初、既定の事実だと思っていた株式公開が、社長によって白紙に戻されてしまったのだ。

「自分の代で土屋鞄をなんとしても上場企業にしたいから、力を貸してほしい」という、入社前に聞いた土屋社長のその言葉に嘘はなかったと僕は思っている。

だが、気持ちだけで株式公開はできない。上場企業となるための所定の基準をクリアしなければならず、そのためには監査法人や証券会社の指導を受けなければならない。ところが、入ってみてわかったのだが、土屋社長は、そういうことにはまったく無頓着だったのである。

少し嫌な予感はしたが、とにかく社長には株式公開に関する基本的な知識をもってもらわないと話にならないと、株式公開に詳しいDIの人間や、証券会社の知人などにも協力してもらって、レクチャーから始めることにした。

このあたりまでは土屋社長も理解を示し、相変わらず株式公開に対し強い情熱をもっているようだった。

しかしながらその情熱は、監査法人のショートレビューを境に急激に冷めていった。ショートレビューとは、企業が株式公開準備に入る前の段階で、監査法人がその企業の財務諸表や管理体制などがきちんとできているかを調べる予備調査だ。

このショートレビューで合格点に達することはまずないので、ダメ出しを食らっても悲観する必要はないのだが、土屋社長はこれでかなりショックを受けてしまった。典型的な右脳型人間である彼は、ここまで厳しくやらなければならないという現実を目の当たりにして、怖気づいたのかもしれない。

また、先に紹介したカナダの日本食レストラン事業も、株式公開をすると、もう自分の会社ではなくなるので続けられない。この指摘も土屋社長にとっては予想外だったようだ。上場基準を満たすために、社内を整備するコストが一億円以上かかるというところにも難色を示していた。

だから、ショートレビューから一週間ほど経って、社長から「株式公開の話はなかったことにしてほしい」と言われたときは、「ああ、やっぱりな」という感じだった。土屋社長は、もしかしたらこれで僕が辞めると言い出すのではないかと思っていたらしい。僕自身も一瞬、退職という言葉が頭をよぎった。

けれども、よく考えたら僕は株式公開だけのために土屋鞄に入ったわけではない。もう一つ、海外展開がある。

土屋社長に確認すると、これに関しては相変わらずやる気満々で、どんどん進めてほしいという。そこで、今後は海外展開に集中しようと気持ちを切り替えた。

もちろん、「話が違う」と社長に食い下がり、あくまで株式公開をさせる選択肢もなかったわけではない。だがそれよりも、先に海外展開で実績を上げ、会社を儲けさせてから、あらためて株式公開をしたほうが実現性が高いのではないか。そんな計算も僕の頭にはあった。

ヴィトンやコーチなど海外ブランドが市場を席巻している日本では、どう頑張っても天井が見えている。死に物狂いで成長させても二〇〇億円が限界だ。

「僕は二〇〇億円程度の国内売上げを達成するために、土屋鞄に入社したのではない。土屋鞄の誇る匠の技とともに、日本文化を海外に紹介し、土屋鞄を世界に冠たるカバンブランドに成長させるのが僕の使命だ」

土屋社長が株式公開を断念した以降は、そう自分に言い聞かせ、管理部や総務部、経理部のマネジメントをこなす一方で、海外営業にも精を出し始めた。

海外向けのブランドに懸ける

僕が海外営業に力を入れることは、社長や他の役員も大賛成で、彼らの意を受けて、海外の展示会やマーケティングリサーチで世界中を飛び回るようになった。そんななか、まず手がけたのがブランドコンセプトとブランド名の取り決め、それから海外用バッグ等のアイテムの開発である。

「Tsuchiya」というブランド名では浸透しないことは明らかだった。Tsuという発音は欧米人が最も苦手とする日本語の発音で、しかもそのあとにchiyaと発音しにくい音が並んでいる。松下も海外ではtsuの発音がしにくく、Panasonicに統一した。Sonyのように発音しやすく、かつ日本の文化や精神を表すシンプルなネーミングが必要だ。そこで日本についての本を数十冊読み、二〇〇～三〇〇ほどのキーワードを抽出し、さらにいろいろな人と数十回ブレストを重ねること一カ月。その結果生まれたのが「gojogojo」だ。

これは、互いに助け合うという日本の精神「互助」に由来する。土屋鞄の職人たちがつくるランドセルは、いくつもの細かいパーツから成るため互いに助け合わないと製造できない点も、互助という言葉にぴったり合う。それに何か問題が起きたときにお互いに助け合うという日本のイメージは、欧米でも知られている。

念のため欧米人にもヒアリングしたところ、発音しやすく、語感も悪くないということだった。しかも米語のスラングには、gojo に近い mojo という単語があって、「生きる力」「勢力」というよいニュアンスがあるというではないか。ただし、女性向けに販売するのであれば GOJO はあまり可愛く見えないので、デザイナーと相談して最終的に「gojogojo」とした。

ブランド名が決まったら、次はそれに合わせたバッグの開発である。

土屋鞄のバッグはとてもシンプルで、革のよさをうまく引き出しているが、裏を返せばこれといった特徴がないということになる。しかし、海外では個性が重要だ。そこで、土屋鞄が契約しているデザイナーと一緒に、日本的な要素を入れた個性的な革のバッグやポーチを半年以上かけて開発した。

商品ができれば、展示会への出品だ。海外における最初の展示会出品は二〇〇八年のミラノで、二回目が二〇〇九年のラスベガスだった。

ミラノの展示会には和柄のアイテムを開発して出展したが、興味はもたれたものの反応はそれほどよくなかった。それでラスベガスの展示会では、和洋折衷のより個性の強いデザインに変更して出品すると、今度は大変評判がよかった。

ヨーロッパと米国の展示会を選んだのは、近い将来それぞれの主要都市での出店を見据えていたからにほかならない。ヨーロッパではミラノのほか、ローマ、パリ、ロンドンにも足を延ばした。米国では、ニューヨーク、ロサンゼルス、シカゴ、サンフランシスコに出向いて市場調査を行った。

ラスベガスの展示会では、フランス国内に五、六店舗を構えるショップなどから注文が入り、かなり手ごたえが感じられた。また、展示会中の各国のバイヤーとの会話や、現地調査などから、いろいろなことが見えてきた。それは次のようなことだ。

●海外では個性的なデザインが好まれる。土屋鞄のデザインはシンプルなので、よほど低価格でないと受け入れられない。

●ブランド名「gojogojo」は悪くはないが、コンセプトのインパクトが弱い。また、ブランド名よりも商品のデザインのほうが圧倒的に重要。

●日本のイメージは悪くないが、バッグに関してはイタリアの足元にも及ばない。

●日本国内で革製品を製造していると価格で勝てない。そもそもカバンの分野では日本製といってもメリットはないのだから、国内生産にこだわる必要はないのではないか。海外での卸取引には価格、地元の商習慣、決済などの問題がついて回るので、出店はハイリスク、ハイリターンである。

●出店する地域は、海外の新しいブランドを受け入れる余裕があり、富裕層が多く住んでいて、メディアにも取り上げられやすく、土地勘があり、友人の多大なサポートも得られることなどをトータルで考えると、ニューヨークがベストである。

●その際、出店リスクを最小化するために、ニューヨークのソーホーに、土屋鞄の技術を活かした革アイテムの小さなリペア・リデザインショップを展開することも視野に入れておいたほうがいい。

リーマンショックの一撃

こうして最終的に、海外一号店はニューヨークにすることを決め、社長の了解もとりつけた。これで、ようやく土屋鞄における僕の存在理由を証明できそうだ。ところが、そうはならなかった。

原因となったのは、リーマンショックだった。

世界同時株安、一〇〇年に一度の経済危機……。ラスベガスでの展示会が終わる頃には、そんな不安を煽るような言葉が毎日のようにテレビのニュースから流れてくるようになっていた。こういうときこそ冷静に現状を分析し、対処しなければならないのだが、土屋社長にはそんな余裕はなかった。突然弱気になって、計画を白紙に戻したいと言い始めたのだ。それもニューヨーク出店だけでなく、海外展開そのものをやめるというのである。

彼が計画を取りやめようと思った理由はもう一つある。人件費の増大だ。土屋鞄ではそれまで、商品の販売は直営店とインターネットだけだった。卸取引をまったくしていないので、そのノウハウがなく、人材もいない。海外に進出するとなると、海外の会社とコミュニケーションを図ったり取引できるスタッフを新たに採用しなければならなくなる。リーマンショックで経済が冷え込んでいる時期に、余計な人件費がかかるのが嫌だったのだ。

株式公開のときもそうだったが、土屋社長は大きなビジョンを描くのは得意だが、実行段階になるとちょっとしたことがきっかけで不安にかられ、二の足を踏むということがよくあった。

またかと思ったが、今回は僕もすぐにはあきらめなかった。

景気の悪化はたしかにマイナス要因だが、不動産価格や家賃、その他の経費も下がると考えると、逆にこれ以上ない進出のチャンスだ。消費者の財布の紐も固くなっているので、初年度から黒字は難しいかもしれないが、三年あれば必ず黒字化できる。それに、革のバッグ、小物のリペア・リデザインショップのほうは在庫リスクもなく、家賃のリスクも半分以下で黒字化しやすい。いまの土屋鞄の財務状態なら、三年くらいなら余裕で耐えられるのではないか。

そう言って何度も説明したのだが、いったんマイナス思考に陥った右脳型の土屋社長の考えを変えるのは不可能だった。

そして、僕はこのことが原因で土屋鞄を去ることになった。

僕はどこかで有頂天になっていた

土屋鞄での在職期間は二年九カ月。結局、上場と海外展開両方ともに形にできなかったことは非常に残念だ。

もちろん、もう一つの約束である次期社長の話はまだ活きていたし、だから辞めないでほしいと懇願された。だが、これ以上、土屋社長と一緒にいても、同じようなことがこの先も繰り返されるのは目に見えていた。

もう僕には耐える自信はなかったし、仮に対処できたところで、それが自分の成長につながるとは思えなかった。

何より、土屋鞄という会社に入社を決めたいちばんの理由が、日本の素晴らしいものと文化を海外に展開するという大義にあった以上、日本国内でのみランドセルとカバンを販売することには、たとえそれらが素晴らしいもので、どれだけ国内で売上げを伸ばせて、どれだけ高い年俸をもらっても、僕は満足できない。

だからといって土屋社長に恨み言を言うつもりはない。こうなった原因はすべて、僕自身の甘さにある。

「株式公開と海外展開を任せたい。社長を譲ることも考えている」と言われ、僕はどこかで有頂天になっていた。本当に仕事ができる人なら、入社前に「○年以内に株式を公開する」「諸事情で海外展開を断念する場合は××で補償する」というような確約書や契約書を必ず取ったはずだ。

それに、結果は出せなかったが、土屋鞄では何ものにも代えがたい貴重な経験をすることができ、多くを学ばせてもらったので、社長をはじめプロとしてのあるべき姿を見せてくれた職人のみなさんほか、当時の社員全員には心から感謝している。

経験によって学べたことはこれまで記してきたとおりたくさんある。その一つは、同じように経営にかかわっていても、社長とそれ以外ではできることが天と地ほども違うということがわかったこと。ＤＩを辞める際、会長の堀氏から「トップとナンバー・ツーの差は、ナンバー・ツーとその下よりも何倍も大きい」と言われたが、それは本当だった。要するに、本当にやりたいことをやるのなら、組織のトップに立たなければダメなのである。

もう一つは、当事者として中堅規模の会社の運営にかかわれたこと。組織マネジメントはＤＩでも経験ずみだったが、それはあくまで外部の人間という立場でのこと。実際に組織をつくり人を動かす難しさはなかに入ってみなければわからない。また、人をマネジメントするのは、数字やロジックだけではダメだということも身をもって味わった。

また、デザインや想いで世界を変えられることを実感できたことは大きかった。

商品のコンセプトやデザイン、そのカタログやウェブでの見せ方で売行きが一〇倍、一〇〇倍も違ってくる。また、商品に込める想いを、デザイナーやクリエイターたちが、どのように表現して画像やコピーで見せていくかで、売れ方も変われば、お客様の反応、コメントもまったく変わってくる。

一流のデザイナーやクリエイターが時間をかけて必死で創造している商品や画像、コピーを、時間をかけて完成させたよいクリエイティブは人の共感を呼び、アクションを起こさせる。それまでロジックや市場規模の計算など、経営コンサルティングに必要な仕事の仕方をしていた僕にとって、それはとくに新鮮だった。

一方で、メーカーは売れ残った商品を、十分使えるにもかかわらずそのまま廃棄するという現実に、僕は最後まで馴染めなかった。もし、もう少し長く土屋鞄にいたら、この部分はもっと改善できたような気がする。

実際にカバン業界を含むファッション業界では、無駄（在庫廃棄）が非常に多い。消費者は常に新作を求め、企業側は売上げを求め続ける。結果、その過程で売れ筋の読み誤りが頻繁に起こるのだ。その構造的ともいえる問題によって、デザイナーや職人たちの多くは、「自分たちがつくったものが捨てられることで社会に貢献していないのではないか」「無駄なことをしているのではないか」という悩みを抱えていることもわかった。

また、ファッションは完全な贅沢品で、日本国内だけでも一〇兆円の市場規模があるが、ものが足りない国では在庫処分品でも大変重宝される。貧しい地域にはものがまったく行き届いておらず、食べるものも、着るものもない人が多い。アフリカに住んだ経験をもつ者として、この矛盾は悩ましく、同時に、どうにかして解決できないものかずっと頭を痛めていた。

こうした想いが、ピース・トゥ・ピースを立ち上げる動機の一つとなった。

最後に一つだけ付け加えさせてほしい。

土屋鞄ではたいした貢献もできなかったが、それでも入社当時二〇億円ほどだった売上げは、僕の退職時には約四〇億円とおよそ二倍になり、利益も二倍になっていた。売上増の何割かは、僕が組織改革を行った効果だと自負している。

この土屋鞄の二年と九カ月は、僕にとって最大の挫折だといっても過言ではない。けれども言葉を換えれば、生きた経営の難しさを学べた人生で最も貴重な期間でもあった。

現在のピース・トゥ・ピースにも、この土屋鞄の経験は確実に活きている。とくに右脳型の人たちと一緒に仕事ができたことは、僕にとって大きなプラスだ。もしこれがなかったら、おそらくいまの何倍も苦労していただろう。

9

成長と成功――僕が学んだリスクのとり方、運のつけ方

現状維持より挑戦を選ぶ

こうして振り返ると、あらためてよくここまで無事にこられたと思う。小さな失敗はたくさんしているし、土屋鞄では大きな挫折も経験した。

だが、幸いなことに経済的に困窮したり、莫大な借金を抱えて身動きがとれなくなったりしたことはない。「あいつは好き勝手なことをやっているのに、いつもそこそこうまくいっているのはなぜだ」と、僕のことを見ている人もいるだろう。

しかし、僕は自分を特別な人間だとか、特殊な才能の持ち主だとか、そのように思ったことは一度もない。もし他人と違うところを一つだけ挙げるなら、それはチャレンジ精神だ。迷ったら現状維持より挑戦を選ぶ。僕はずっとそうやってきた。

最初の大きな挑戦は、親の反対を押し切って決行した大学時代の米国留学だった。新卒で入社した総合商社で、同期の誰よりも早く海外駐在を任されたのも、自ら貧困地域でのＯＤＡの仕事を希望したからだ。

帰国後はその商社を辞め、ビジネススクールに通いながら起業し、二つの事業を立ち上げ、数年後にはそれらを二つとも売却すると、今度は経営のスキルを体系的に身につけようとコンサルティングファームに就職した。さらに、そこからメーカーの取締役に転身。そして、現在はピース・トゥ・ピースの代表である。

よくこれだけいろいろなことをやってきたものだと、われながら感心するやらあきれるやら……。うまくいかなかったことや、思いどおりの結果が出なかったこともある。でも、挑戦を後悔したことは一度もない。

新しいことや不慣れな分野に乗り出すときは、僕も緊張する。失敗したらどうしようと不安な気持ちに襲われ、夜眠れなくなることもある。それでも、やはり迷ったら挑戦するほうを選ぶ。挑戦しなければ大きく成長することはできないし、のちのち後悔するからだ。

こうすればうまくいくという正解を覚え、それをそのまま繰り返していれば、大きなミスはしなくなるかもしれないが、だんだんと学びが少なくなっていく。それまで知らなかったことやできなかったことにチャレンジするから、新たな能力やスキルが磨かれるのだ。また、つき合う人も変わるので、人脈も広がっていく。

そうしてビジネスパーソンとしても人間としても成長していけば、これまで見えなかったいろいろなことも見えるようになってくるし、できることの幅も広がってくる。つまり、それだけ人生の厚みが増してくるのだ。

せっかくこの世に生まれてきたのだから、成長の伸びしろがあるのにそれを活かさないのはもったいない。もっと欲張っていいではないか。そう思っている。


経済が右肩上がりに成長しているときならまだしも、いまのように先行き不安定な時代は、リスクをとって新しいことに挑戦するのには向いていない。

そんなふうに考えている人もいるだろうが、僕はそれは違うと思う。

入社二年目に赴任したタンザニアでは、多くの人が明日食べるものが手に入らないかもしれないという状況のなかで暮らしていた。そういう人たちに「リスクをとって挑戦しろ」と言っても、それは無理だ。彼らは生きることそのものが挑戦なのである。

一方、日本人はどうだろう。たとえ会社をクビになったとしても、贅沢さえ言わなければ次の働き口を見つけるのはそう難しいことではないだろう。起業が失敗したら財産を失うかもしれないが、やり直すチャンスはいくらでもある。

つまり日本は、リスクをとって挑戦することのハードルが低い。だから、慣れ親しんだことにしがみつかなくても、やりたいことや、自分を成長させてくれることに、どんどんチャレンジしたほうがいいのだ。

たとえ失敗したところで、失うものなんて高が知れている。

たとえば、いま勤めている会社を辞めて起業したがうまくいかず、蓄えもなくしてしまったとしよう。そうしたら、とりあえずまたサラリーマンに戻ればいい。

起業に失敗したということが理由でダメ出しをされ、不採用ということはまずない。むしろ、そういう経験をしている人は生きた経営を知っているし、逞しさももち合わせているので、企業からは評価されるはずだ。

また、周囲に借金をしまくっていないかぎり、倒産や事業撤退で友人、知人が離れていったり、社会から落伍者扱いされたりすることもない。

世の中を見渡しても、成功している人は、たいていそれまでにいくつかのチャレンジと失敗を何度か繰り返してきている。僕は自分を成功者だとは思っていないが、現在ピース・トゥ・ピースという本当に自分がやりたいことを仕事にできているのは、やはりあれこれ挑戦し、何度も頭を叩かれながら、そこで鍛えられ成長することができできたからだ。

　最初の総合商社で、会社から命じられるまま働くということを続けているだけだったら、同じように会社を立ち上げたとしても、一年ももたなかっただろう。

「自分にはいまの仕事しかできない」

「失敗したら人生が終わってしまう」

　一度でもリスクをとってチャレンジしたら、頭の中に渦巻いているこの手の恐怖や不安には、まるで根拠がないことがわかるはずだ。同時に、僕が言っていることの意味もすぐに理解できるだろう。

枠の外に出るのか、出ないのか

　よし、自分はこれに挑戦するぞ。

　そういう明確な目標がある人は話が早い。すぐさまその目標に向かって行動を起こせばいいのである。しかし、現実には、挑戦したい気持ちはあるけれども、自分は何を本当にやりたいのかよくわからないというタイプが圧倒的に多いはずだ。

　そこで、後者のために、新たなチャレンジをするときの僕の考え方ややり方を紹介しよう。

まずは、いま自分がどんな枠組みのなかで働いているかを把握するところから始める。寅さんのような風来坊ならいざ知らず、普通の人は部署、会社、業界といった枠組みのなかで仕事をしている。しかし、それが当たり前になってしまうと、そこに枠があることにすら気づかなくなる。そこで、自分の周りにどんな枠があるのかを、意識して確認するのだ。

次に、その枠のなかで不自由や居心地の悪さを感じていないかを自分に問うてみる。毎日が充実していてなんの不満もないなら問題はない。そこで頑張り続ければいい。だが、もし具体的にどこと特定できなくても、なんとなく違和感があったり、日々の仕事に充実感を得られなかったりしているようなら、その違和感は何なのか、仕事に充実感がないのはなぜなのか、時間をかけて突き詰める。

もしそれが枠のなかで解決できないのであれば、そういう人は枠の外に出ることを真剣に考えるべきだ。

枠の外に出るか否か。それを決めるのに必要なのは、冷静な判断力である。枠を出た場合に自分に起きるプラスとマイナス。アップサイドとダウンサイド。キャリア形成に与える影響……こういうことを一つひとつ検討していくのだ。

ただし、あまり考えすぎるとネガティブな側面ばかりが気になって、枠から飛び出そういう気持ちが萎えてしまう。基本的には、現状に満足していないという自覚があるなら、いまの枠組みにとどまる積極的な理由はない。出たほうが成長機会は大きくなるという前提で考えたほうがいい。

それに、人が後悔するのはたいてい、意欲はあったけれど行動を起こさなかったことに対してであって、自らの意思で行ったことは、たとえ結果が想像と違っても、案外受け入れられるものなのである。

だから、ここでもう一つ必要なのは、枠から飛び出す勇気。どう考えても一〇〇％失敗することがわかっているなら話は別だが、少しでも光明が見えているなら、当たって砕けろでいいのである。

新しい枠組みをつくるための三つの作業

さて、枠から出たらどうするか。

自分のやりたいことが別の枠内で実現できるとわかっているなら、新たにその枠組みのなかに居場所を求める。これも立派な挑戦だ。

けれども、そういう既存の枠がない場合は、自分で新しい枠組みをつくるしかない。それには、次の三つの作業を繰り返すのが効果的だ。

A 調べる・学ぶ

自分の興味のあるジャンルで、世の中にどんな成功事例があるのか、もしくは失敗事例があるのかを調べることにはとても意義がある。

よほどの天才でもない限り、アイデアがポッと出てくることはない。一般に、新しいアイデアとは既存のアイデアの組み合わせだ。そこで、既存のアイデアを大量にインプットする。組み合わせる要素を増やすのである。

そして何か考えついたら、「こういうことができないか」「すでに誰かやっていないか」「これを実現するにはどんな知識や技術がいるのか」など、疑問に思ったことをインターネットや専門書、業界紙などで納得するまで調べる。とくに海外の事例は参考になる場合が多い。

B 考える

調べたことや学んだことは、そのまま信じるのではなく、一度深く考えることが重要だ。

たとえば、ある会社が成功していれば、それをそのまま真似するのではなく、なぜ、どのような条件下で成功しているのか、自分であればどのようにすべきか。海外の成功事例であれば、日本にもってくるにはどうすればいいのか。また、ほかの事業アイデアとの組み合わせはないかなどを考える。

失敗事例は、なぜ失敗したのかを徹底的に考え抜く。

事業化するなら、最低でも一〇〇通りの案を書き出してみよう。

C　人と会う・話す

専門家やその道のプロ、まったく違う環境で仕事をしてきた人・育った人、さまざまな経験者などに会って話を聞く、ブレストにつき合ってもらう、あるいは教えてもらう。

外国人、世代の違う人など、これまでの人生で接点のなかった人たちとの話ほど新しい気づきをもたらしてくれることが多い。

そして、何か新しい視点を見つけたら再度Aに戻ってまた調べるか、Bに戻って深く考えてみる。


このサイクルをぐるぐるとずっと回し続けるのである。A、B、Cはどんな順番でもいい。考えて（B）、調べてみて（A）、そして人にぶつけてみる（C）というパターンでもいい。そうして、自分の課題がはっきりしてきたら、それを自分の扱える範囲まで狭め、事業の青写真をつくるのである。

僕の経験から言えば、やるべきことが明確で、成功確率が六割見込めれば、スタートしたほうがいい。あとは事業を進めながら調整していけばいいのである。

それから、事業化の際は、最悪の事態を必ず想定しておくこと。思惑どおりいかなくてもダメージはここまでということがわかっていれば、スタートに当たっていたずらに不安にならずにすむ。

また、失敗したら残りの人生が借金の返済で終わってしまうような、無謀な挑戦はしないほうがいい。ちなみに、僕がピース・トゥ・ピースを始めるときは、それまでの蓄えの三分の一までは投資していいと事前に決めていた。これならもしうまくいかなくても、同じ規模の挑戦があと二回できるからだ。自己資金で起業を考えている人は参考にしてほしい。

リスクのとり方を考える

人は、新しいことに挑戦するから成長できる。リスクを恐れて安心してできることしかしなければ、いつまで経ってもいま以上の実力にはなれない。

現在できることだけで一生食べていけるなら、それでもいいだろう。だが、どんなスキルもときが経てば必ず陳腐化する。そうなったとき、安全運転で狭い範囲でしか通用しない仕事の仕方をしてきた人は、たちまちその価値を失ってしまう。

つまり、リスクをとらないことが、いまは最大のリスクなのである。

とはいえ、それなりの年齢になってからでは、リスクをとれと言われても、そういう習慣がなければ足がすくんで身動きがとれないだろう。それに、歳をとってからの挑戦は、失敗したときに失うものの大きさや、立ち直る体力のことを考えると難しいものがある。

やはり、二〇代や三〇代のうちに、積極的にリスクをとって挑戦するという生き方、仕事の仕方に慣れておくほうがいい。とくに将来起業を考えている人や、リーダーを目指す人は絶対にそうすべきだ。

ただし、なんでもかんでもリスクをとればいいというわけではない。リスクは正しいとり方をしてこそ成長の糧となるし、将来に活きてくるのだ。

では、正しいリスクのとり方とはどういうものか。僕は次の七つを挙げる。

1　小さなリスクをたくさんとる

リスクが大きすぎると、失敗から回復するのに時間がかかるし、場合によってはダメージが大きすぎてつぶされてしまう恐れもある。

それよりも、小さいリスクをたくさんとったほうがいい。必然的に失敗も多くなるが、それによって失敗に対する恐怖心が薄れ、より大きなことに挑戦できるようになるのだ。また、失敗すればするほど自分の失敗パターンがわかってくるから、人より余計に失敗している人ほど、結果的に成功の確率が上がる。

ただし何かチャレンジしたいことが見つかったからといって、会社をすぐに辞める必要はない。社内ベンチャーで実現を試みてもいいし、週末に準備してもいい。会社が許せば副業で始めるという手もある。

2　能力や立ち位置を冷静に見る

夢を達成できる能力、経験、人脈があるか、タイミングは最適か、あるいはそれは本当に自分がすべきことかを見極めることは、夢をもつのと同じくらい重要だ。

僕は商社勤務時代にＯＤＡ事業を希望したが、アフリカ駐在の結果、能力不足と、それが自分の追求すべきことではないことに気づき、大きく軌道修正し、経営に関連する能力や経験を得るために時間を費やした。僕のように、一度飛び込んでみなければわからないケースも多いとは思うが、できれば飛び込む前に冷静に自分を見極めて必要なものを習得していく努力をすべきだ。それが失敗のリスクを減らしつつ、本当にすべきことにチャレンジできる環境を整えてくれる。

3　アップサイドとダウンサイドのリスクバランスを考える

何らかのリスクをとるからには、そこから得られる最大限のもの（アップサイド）を考え、バランスを考えて冷静に判断すべきだろう。アップサイドには得られるお金だけでなく、経験や社会的意義なども含めてもいいと思う。

4　リスクをとる前に仮説をつくる

「とりあえずやってみよう、あとは出たとこ勝負」では得るものは少ない。

事前に、自分がそれをやることによって状況はこう変化するという仮説を立ててから行動を起こし、さらに結果を自分の予想と照らし合わせ、もし違っていたならどこに問題があったのかをはっきりさせる。そして次回、同じ課題に挑戦するときは、そこを修正して新たな仮説を立てて試してみる。

要するに、アクションを一回限りのものと考えるのでなく、ＰＤＣＡ（計画、実行、評価、改善）サイクルの一環であると意識するのだ。ＰＤＣＡサイクルを回せば回すほど、課題解決の精度は飛躍的に高まっていく。

また、「もし失敗するとしたらこれが原因だろう」と想定できる失敗要因を二つ、三つ調べて決めておくことも必要だ。こうすることで、その失敗要因を取り除いた新しい形で始めたり、失敗しないために気をつけるポイントを事前に把握し意識したりできるので、その分、失敗リスクを減らせるのだ。

たとえば、製造業であれば失敗する原因の多くは過剰在庫なので、在庫量に気をつけることでリスクを半減できる。

5 選択と集中にこだわらない

限られた資源を有効に使うには、すべきことをできるだけ絞り込んだほうがいいというのはまさにそのとおりだ。だが、それはすべきことがほぼ一〇〇%正しいとわかっているときにとるべき戦略であって、外部環境などが不確定な時代には、むしろ選択と集中にこだわらないほうがいい。

選択と集中を個人のキャリアやチャレンジに適用する人も多いが、これも必ずしも正しいとは言えない。挑戦の範囲が狭くなるという弊害が出てくるからだ。

僕は、とくに若いうちはできるだけ広い分野に挑戦したほうがいいと思う。得意なことだけうまくやるより、多少ケガをしても専門分野と知見を増やしておいたほうが将来の成長につながるし、「あのとき挑戦して学んだことが、偶然次に挑戦したことに役立った」ということが往々にしてあるからだ。

僕も違うことに挑戦するたびに、いろいろな引き出しが増え、いますぐ役立つ経験ではなくても、将来使える経験がどんどん増えていくという感覚をもっている。

6 人を巻き込む

自分だけでやろうとすると、どうしても視野が狭まり、考え方も独善に陥りがちだ。また、失敗した場合、リスクを一人で背負い込まなければならなくなる。だから、とくに経験が浅いこと、不慣れなことにリスクをとって挑戦するときは、その分野に明るい人や精通している人などを巻き込んだほうがいい。

そうすれば、たとえ結果は出なくても、より多くのことを学べるし、そこで将来につながる人脈を築くこともできる。

ちなみに、これに近いことを、DIでは、Borrowing Power（借りる力）と呼んで、いろいろな人を巻き込むことを推奨していた。

僕の経験から言えば、人をうまく巻き込める人は、常に人に共感してもらうことを意識しており、またその「共感」を「応援」につなげることがうまい。これは非常に重要で、「共感してもらう」だけではまだ他人事だが、「応援する」になると自分事になって、実際のサポートにつながるのである。

7　メンターを身近に置く

未知の課題に挑戦するときは誰だって不安になる。そういうとき相談したり、悩みを聞いてくれたりする人が近くにいると心強いし、一歩を踏み出しやすくなる。普段からそういう人を探し、メンターになってもらおう。

運をよくする四つの方法

僕はいまピース・トゥ・ピースの代表として、ビジネスで地球貢献するという自分がいちばんやりたかった仕事をしている。起業後しばらくは、自分の想いに実績が伴わず、苦しい時期が続いたが、いまはそれなりに売上げも増え、経営も安定している。自分の事業が成功したのかどうか、起業からまだ四年と日が浅いので、いまの時点で結論を出すことはできないが、心の底からやりたいことを仕事にできているという点では、僕は間違いなく幸せだ。

やりたいことがはっきりしているなら、自分で起業する、あるいはいま勤めている会社のなかでそれを事業化するのがいちばん確実だろう。そう思ってみれば、世の中の企業というのはどれもこれも、創業者の「これをやりたい」という想いの具現化にほかならない。

しかし、当然のことながら、すべての起業家が希望を叶えられるわけではない。自信をもって始めた事業が社会に受け入れられず、志を遂げられないまま市場から去っていった会社は枚挙にいとまがない。

起業の成功と失敗を分けるものはなんだろう。資金、十分な規模の市場、先を見通す力、経営力など、起業を成功させるのに必要な条件はいくつもあり、しかもそれらはケースによって変わってくる。ただし、どんな場合も、これがないと成功はおぼつかないと僕が感じる要素が一つある。

それは、起業家（経営者）の運のよさだ。

運がいい人は、ピンチに見舞われても、そこで普段の一・五倍の力を発揮して切り抜けることができる。ところが運をもっていないと、どんなに頑張っても一の実力の人は最大で一の力しか出せないので、予想を超える困難に直面すると、そこでつぶれてしまうのだ。

実際、僕の周りの成功者を見ると、例外なく全員が強運の持ち主だといっていい。

僕自身も、力の足りない分を何度も運のよさで救われたからこそ、ここまでこられたと思っている。

「運」と言うと、身も蓋もないように感じるかもしれない。たしかに、生まれながら強い運に恵まれているような人はいる。けれども、人の運というのは生まれたときの星回りで決まってしまうのかといったら、そんなことはない。むしろ、僕には自分の力でなんとかできる部分のほうが大きいような気がする。といっても、お守りを身につける、財布の色を変えるなど、そんなことを言っているのではない。考え方や行動の仕方で運を引き寄せることはできるのである。

では、具体的にどうすればいいのか。僕が自分の経験から有効だと思えるのは、次の四つだ。

1　ものごとに全力で取り組む

ひたむきに頑張っている人の周りには、自然と応援団やサポーターができてくる。スポーツでも人々が心を打たれるのは、華やかな勝利の陰に血を吐くような努力があることを知っているからなのだ。

だから、普段からなにごとにも手を抜かず自分のできる限りの力でぶつかっていくことを心がけていると、いざというとき周囲の人が力を貸してくれやすくなる。この自分以外の助けが、運のよさの本質なのだ。

逆に、誰も手を差し伸べてくれないとしたら、それはまだ必死さが足りないのかもしれない。僕自身、ものごとに全力で取り組んでいる人を見ていると応援したくなるし、実際こうした人に協力もしている。

2 絶対にあきらめない

チャンスが人に訪れる回数や頻度が同じだとすると、あきらめた時点でチャンスは逃げていく。あきらめないように工夫を重ね、継続することで運をつかむことができる。成功するまで継続するか、粘って失敗しないような結果にもち込む努力をすれば何とかなることが多い。

トレーダーズ・ネットは、資金ショートした時点であきらめていたら売却にこぎつけることはできなかったし、ローレン・ブッシュ氏とのバッグの製造にかかわるトラブル時も、辛抱強く交渉しなかったら来日はなく、何の実績にもならなかっただろう。必死で考えれば何か生き延びる選択肢は見つかるものだ。

3 いい人になる

苦しいとき助けてもらったことは、人はずっと覚えている。また、助けてもらった人に対しては、恩に報いたいという気持ちが芽生えるのが普通の人間だ。

つまり、困ったとき協力者がほしいと思うなら、日ごろから積極的に人の仕事を手伝ったり、相談に乗ったりすることの労を惜しまないほうがいいのである。言葉を換えれば、いい人になればなるほど、成功しやすくなるのだ。

情けは人のためならずというのは、まさにこの世界の真理なのである。

二〇一一年春、僕は、とある友人からKさんを紹介された。Kさんは起業の経験がまったくないものの、どうしてもある事業を立ち上げたいと僕に相談してきた。一回だけのつもりで、会って相談にのることを承諾したが、話を進めていくうちに、相談は数回にわたった。さらに、海外の会社との取引が絡む事業だったので「私のつたない英語では不安なので、一度海外から来日する人と会って英語で私の想いを伝えていただけませんか?」と依頼された。

もちろん、Kさんは事業立上げ前でお金がなく、無償である。僕もピース・トゥ・ピース創業二年目で順調にいっているとは言い難い時期で大変だったが、信頼できる友人の紹介だし一肌脱いで頑張ろうと、時間を割いて話し合いの場に参加し、うまく交渉がまとまるよう手伝った。

結果、その事業は外国との折衝もうまくいき、創業に至った。喜んだKさんは、何か自分が手伝えることがあればと申し出てくれた。

それから約半年後、ピース・トゥ・ピースの商品はデパートからの引き合いが多くなる一方、人手が足りなくなった。そんなとき、数人に相談したなか、真っ先に人を紹介してくれたのがKさんだった。

こうして出会ったのが、工藤亮子さんだ。工藤さんは現在ではピース・トゥ・ピースのファッション事業に深くかかわり、数千万円の売上げをつくることに協力してくれている。ローレン・ブッシュ氏招聘《しょうへい》のときにも多大な貢献をしてくれた。彼女がいなければピース・トゥ・ピースが成長することはなかったといっても過言ではない。

僕がKさんを手助けしたのは、友人の紹介だからであって、見返りを期待したわけではなかったが、あのとき事業立上げの手伝いをして本当によかったと思っている。

4　コミュニティをつくる

自分だけいくら成長しても、できることは意外と増えない。大事なのは周囲と一緒に成長していくことだ。この人がうまくいくと、自分たちにとっても喜ばしい。彼が成功すれば、自分たちの暮らす社会はもっとよくなる。そう思うから応援しようという気持ちが湧いてくる。

また、賛同者や同じ方向に進む人が増えてくると、より大きなことができるようになる。一人では手に負えそうもなかった高い壁も、一〇人、一〇〇人と数が増えれば、容易に乗り越えることができる。

エピローグ　種を蒔き続ける

モノからコトへ

二〇一二年からピース・トゥ・ピースは、第二の地球貢献事業として、「人生のヒケツを教え合う場所　シェア（shAIR）」を始めた。ひと言で言うと、何か経験やスキルをもっていてそれを教えて社会の役に立てたい人と、それらを対面で学びたい人をマッチングするプラットフォームである。

学ぶ人は学ぶたびにポイントが貯まり、支援したいと思えるＮＰＯなどの団体を見つけて、そこにポイントを寄付できる。創設の経緯をお話ししよう。この事業は、これまでの学びのあり方と、働き方を変えるものになると思っている。

地球貢献につながるファッションアイテムを扱っていて感じた課題の一つは、販売するだけではどれだけ売れても消費者に想いが伝わらないということだった。

実際、セレクトショップでは他の商品と同じように商品がディスプレイされているだけで、とくに説明のカタログやPOPなどもない場合が多い。デパートなどの販売でも、販売員は急いでいるお客様にはほとんど説明できない。

一方、何も知らずに商品のファッション性だけで満足する人もいる。説明なしでも売れるのは、ファッション性で購入していただいているということだ。これはもともと僕たちが目指している理想の形で、嬉しいことなのだが、やはり一人ひとりに地球の抱える問題が伝わったほうが世の中がよくなると思う。

それに「モノ」の販売だけでなく、「コト」できちんと伝える場はやはりほしい。そこで想いを伝えようと、これまでセレクトショップやデパートと組んで一〇〇回程度、ファッションを絡めたみんなが楽しめるイベントやチャリティーを開催してきた。また、講演などに呼ばれればどれだけ忙しくてもできるだけ時間を割いて、現在の活動について話してきた。

そのうえでさらに次の二点を考えた。

①コトできちんと伝える場がもっとたくさんほしい。そのための効率的な仕組みはないか。

②僕がこのように感じているのであれば、ほかにも、想いのある人、自分の経験な

どを教えたい人はたくさんいるはずだ。そうした人たち誰もが使えるプラットフォームを築けないか。

いろいろ調べると、ビジネス、健康、スポーツなどあらゆる分野で、「何かを伝えたい」「情報をシェアしたい」「教えたい」と思っている個人がたくさんいることがわかった。一方、世の中にはいろいろな学びの場やイベントがあり、実際に数多くの人が参加している。ということは、何かに参加してちゃんと学びたい人もたくさんいるのだ。つまり、供給側（何かを教える人、伝える人）と需要側（それを学ぶ人）があるのだから、その両者をマッチングするプラットフォームをつくればよいのではないかと考えたのだ。

実際にウェブサイトをご覧いただくと早いのだが、少し詳しく説明しよう。

「教えたい人」と「学びたい人」を結びつける

シェアという事業の目的は、ずばり「学び」と「人とのつながり、人との出会い」を広めることだ。

僕は、学ぶことにおいて、人との出会いほど大切なことはないとの想いから、実際に会ってスキルや経験をシェアしましょうとの意味を込めて、事業名のアルファベット表記はshareではなく、share the AIR（空気を共有しよう）の略でshAIRとした。

シェアでは、「自分はこれなら教えられる」、あるいは「こんなスキルや経験を自分だけのものにしておくのはもったいないから、誰かに伝えたい」と思っている人なら誰でも先生になれる。昨日、先生だった人が、今日は教わる側にいたり、生徒が先生より全員年上だったりといったことも珍しくない。

場所も自由だ。先生の話を静かに聞くのなら会議室がいいが、カフェやコワーキングスペースで雑談風に教えてもらうほうが向いているテーマもあるだろう。昼間に使われていないバーや、晴れた日の公園のベンチも立派な教室になり得る。

つまり、世の中の余っている（十分に使われていない）スキルを、有効に活用されていないスペースを使って、社会のために使っていく事業なのである。

先生になりたい人は、まずシェアサイト上に、自分のプロフィール、教える内容、開催場所、日時、参加費用を申請する。承認されると、シェアのウェブサイトにクラスが掲載される。

そのクラスの情報は、フェイスブックやツイッターなどを経由してどんどん広がっていく。それを見て、このクラスに参加したいと思った人は、シェアのサイトで申し込む。クレジットカード決済も可能だ。

告知情報はあっという間に広がるので、なかには参加者が二〇〇人も集まってびっくりする先生もいるし、一カ月に二回、三回と開催し、これを主な収入源の一つとしている人もいる。

参加者は指定された場所に足を運べば、そこに来ているのは自分と同じことに興味をもっている人ばかりで、多くのクラスは一〇人未満の少人数だから、学ぶ人同士も仲間になりやすい。カルチャースクールでもなく、お互いの人脈を利用し合うことが目的となってしまっているような異業種交流会でもなく、またお互いが頼り合うような互助会でもない、新しい学びと人のつながりの形だ。

そして、シェアのもう一つの特徴は、選べる地球貢献である。

参加者は支払った額のうち一％がポイントとして貯まるので、そのポイント分は次の学びのディスカウント分として使ってもいいし、シェアが提携している数十のNPOなどの団体のなかから選んだ先に寄付してもいい。寄付は強制すべきではなく、想いのある人がすればよいという考えで、このような仕組みにしている。

学びながら仲間も増え、地球に貢献できるのがシェアである。

じつはこの事業は、僕の経験に基づいて先に述べた「新しい枠組みをつくること」「正しいリスクをとること」「運をよくすること」をサポートできる仕組みになっている。

メンターや仲間をつくって学ぶことはその最たるものだ。

「ピース・トゥ・ピース・プロジェクト」

最後に、ピース・トゥ・ピースで僕がこれからやろうとしていることを記しておきたいと思う。

一つ目は、なんといっても社名であるPiece to PeaceのPeace＝世界平和の実現。そのために、途上国の飢餓の解決やアフリカの子どもたちに教育機会を提供する活動にいっそう力を入れていく。

二つ目は、社名のもう一つのPiece＝個人が、世界の諸問題に目を向け、解決のために活動しやすい社会にすること。

三つ目は、現在のビジネスで継続的に利益を出し、最初の二つの活動を安定的に行っていくこと。とくに、ファッション事業では利益創出に成功したので、こちらを継続しつつ、シェア事業はすぐに利益が出るビジネスモデルではないため、まずはしっかりと基盤を整え、二年後までには収益化していきたいと考えている。

四つ目は、地球貢献活動に取り組む第二、第三の人材を育てていくこと。

ピース・トゥ・ピースの具体的な活動に関しても、少し補足しておこう。

二〇一三年一〇月、アッシュ・ペー・フランス（HP FRANCE）が主催する日本最大級のファッションの合同展示会が開催された。アッシュ・ペー・フランスはファッションを中心に、インテリアやアートにかかわる事業を展開する会社で、ファッション性が高く、人気のブランドを数多く抱えている企業だ。

ルームスリンク（rooms LINK）と名づけられたその合同展示会に、ピース・トゥ・ピースも出展者として参加した。

一〇月に行われたのは、二〇一四年SS（春夏）がメインの展示会で、大手セレクトショップや百貨店のバイヤーから、個人経営のブティックオーナーまで、全国から多くの業界関係者がやってきた。「新しいブランドや商品はないか」「注目のブランドの新商品はどうか」と展示会場を見て回り、買い付けを行うのだ。買い付ける側も真剣だが、こちらも必死である。

毎回、この時期になると準備が大変で、夜も寝ずの作業となる。それでも参加するごとに、取り扱うブランド数だけでなく、取引数も少しずつ増えてきた。

現在、ピース・トゥ・ピースでは六ブランド、五〇〇アイテムの商品を取り扱っているが、これを一年以内に一〇〇ブランド、一万アイテムにまで増やす。また、これまでは全て自社で在庫を抱えていたが、これからはオンラインショップをモール化し、地球に貢献する他社アイテムを委託販売で扱う予定だ。

一〇月一〇日には、「Piece を Peace につなげる一万アイテムの販売に向けた「ピース・トゥ・ピース・プロジェクト」を発足させた。

まずは「地球貢献への想い」を抱き、何らかのストーリーのあるアイテムをもつブランドに集まっていただき、第一回説明会兼懇親会を開催した。

当日は一〇社以上が参加して、ピース・トゥ・ピースが今後の方針について説明するだけでなく、各ブランドにもそれぞれが支援している分野への想いを語っていただき、飲みながら食べながらのカジュアルなよい会になった。

その結果、ほぼすべてのブランドに賛同いただき、これから一緒にプロジェクトを進めていくことになりそうだ。

地球のどこかで、誰かの笑顔が

「何かの役に立つ」という定義も、これまでの途上国支援のみならず、日本人も含めた人の支援につながるもの、環境など未来の地球の支援につながるもの、動物保護につながるもの、文化・伝統保護につながるものへとカテゴリーを拡大していきたい。

いまはセレクトショップやデパートへの卸とインターネット販売が中心だが、今後はここに直営店という販売チャネルを新たに加えることを考えている。ちなみに、インターネット販売ではパンダリーフ、直営店とインターネット販売の連動は土屋鞄、それから全体の戦略構築ではＤＩ時代の経験が大いに役立っている。

滝川クリステルさんのプロジェクトから生まれたアクセサリーブランド「エヴァークリス」をピース・トゥ・ピースで取り扱っていることは本書の冒頭で述べたが、二〇一三年九月一五日に、ピース・トゥ・ピース主催で滝川クリステルさんを招いて動物愛護セミナーを開催した。ピース・トゥ・ピースを一緒に立ち上げたダニエルが、それまで個人的に滝川クリステルさんの動物愛護活動などのサポートをしていたことから、セミナーの実現に至ったのだ。

このセミナーの開催をシェアで告知したところ、多くの参加申込みがあったが、抽選で一〇〇名様限定とさせていただいた。私たちも関係者も、企画の立上げ段落からのスタートだったので準備は大変だったが、滝川クリステルさんには一時間半以上にわたって現在の日本における動物保護の課題や彼女の想いを語っていただき、動物愛護、殺処分ゼロを目指す想いの伝わる素晴らしい会となった。

僕がピース・トゥ・ピースで蒔いた種が花を咲かせるまで、まだまだ時間はかかるだろう。ひょっとしたら咲いた花を、僕は見られないかもしれない。

でも、花が一輪咲けば、この地球のどこかで誰かが笑顔になるのだから、それで僕は満足だ。

僕はこれからも種を蒔き続ける。

大澤 亮（おおさわ りょう）

株式会社 ピース トゥ ピース 代表取締役社長。
1972年生まれ。早稲田大学商学部卒。在学中に、米UC Berkeleyに留学。96年、三菱商事入社。入社2年目にタンザニアへ赴任、ODA（政府開発援助）での井戸掘削プロジェクトなどに携わる。99年に同社を退社、慶応義塾大学大学院経営管理研究科（MBA）に入学。同校在学中にトランスワークスを創業。証券会社の比較サイト、中国茶のeコマースサイトを立ち上げ、米ゴメス社とサイバーエージェントに、いずれも売却する。その後、ドリームインキュベータ、土屋鞄製造所（取締役）を経て、2009年9月、ピース トゥ ピースを設立。「えらぼう地球貢献」をコンセプトに、米エシカルファッションブランド「OmniPeace」「FEED」「LIV GRN」などを日本で独占展開する。2013年3月から新たな事業として、スキルや経験などを教える人と学びたい人とのマッチングプラットフォーム「shAIR」（シェア）をスタートさせた。

三菱商事とドリームインキュベータで学び、
サイバーエージェントに1億円で事業を売却した僕の働き方
「世界をよくする仕事」で稼ぐ

2014年2月14日　第1刷発行

著　者　大澤 亮
発行者　長坂嘉昭
発行所　株式会社プレジデント社
〒102-8641
東京都千代田区平河町2-16-1 平河町森タワー13階
http://www.president.co.jp/
電話　編集03-3237-3733　販売03-3237-3731
編　集　大内祐子、ことぶき社
構　成　山口雅之
装　丁　坂川栄治＋坂川朱音（坂川事務所）
印刷·製本　図書印刷株式会社

ISBN978-4-8334-5062-1
Printed in Japan
落丁·乱丁本はお取り替えいたします。